D1931691

Hauke Brost

Kopf hoch, Männer

Hauke Brost

Kopf hoch, Männer

Ein Scheidungsbrevier nur für ihn

Illustriert von
Robert Seufert

Wir müssen doch zusammenhalten!
Dein [illegible]
[illegible] 8.6.91

nymphenburger

© 1986 Nymphenburger Verlagshandlung GmbH, München
Alle Rechte vorbehalten
Schutzumschlaggestaltung: Robert Seufert
Satz: IBV Satz- und Datentechnik GmbH, Berlin
Gesetzt aus der 10/12½p Optima System Linotron 202
Druck und Binden: Ebner · Ulm
Printed in Germany 1986
ISBN: 3-485-01694-2

Inhalt

Vorwort 7

Willkommen im Club der einsamen Männer! 9

Ehe kaputt – wen geht das was an? 14

Check-Liste gegen Ehe-Rückfälle 19

Der Tag geht, die Einsamkeit kommt 29

Wie, zum Teufel, find' ich den richtigen Anwalt? 45

Die Ex-Frau als Erpresserin 51

Die erste Frau danach 69

Vom Umgang mit Ex-Schwiegermüttern 80

Ex-Mann heißt nicht Ex-Vater 87

Schluß mit Verstellung und Verklemmung! 91

Kurzlehrgang im Familienrecht 96

Vorsicht, Privatdetektiv! 127

Die große, spannende Partnersuche 139

Vorwort

Es gibt drei Arten von Frauen. Erstens: Frauen. Zweitens: Ehefrauen. Drittens: Exfrauen.
Die erste Spezies ist in Ordnung. Zärtlich und süß, leidenschaftlich und fair. Mit so was kann man leben.
Die zweite Spezies ist meistens auch in Ordnung. Manchmal macht sie uns Männern allerdings Probleme. Die können verschiedene Ursachen haben, und es ist gar nicht auszuschließen, daß die eine oder andere Ursache bei uns selbst zu suchen ist.
Sind die Probleme so groß, daß sie nicht mehr gelöst werden können, wird aus der Ehefrau die Exfrau. Wir haben es jetzt mit der dritten Spezies zu tun. Die ist selten zärtlich oder süß. Und schon gar nicht fair. Die ist meistens gieriger als das Finanzamt und gefährlicher als AIDS. Und das gemeinste: sie hat das Recht und sämtliche Medien auf ihrer Seite.
Wir Männer nicht. Wir sind die Opfer dieser unseligen Epoche der weiblichen Selbstüberschätzung und der falschverstandenen Emanzipation.
So, wie der gute alte O'Neill in den Sechzigern seine Kinderhorde erzog, bzw. nicht erzog, so geht die Gesellschaft heute mit den Frauen um. Sie dürfen schlechthin alles. Was immer sie kaputtschmeißen –

sie werden gestreichelt und bemitleidet. Wen immer sie tödlich beleidigen – er wird's schon verdient haben. Was immer sie fordern – es steht ihnen zu.
Höchste Zeit, daß wir Männer die Werte wieder gerade rücken. Denn »Ex-Mann« – das heißt nicht, daß wir mal Männer waren und jetzt enteiert sind. Sondern nur, daß wir mal »Ehe-Männer« waren. Machen wir uns das klar. Dann sind wir schon ein gutes Stück weiter.
Nach so harten Worten könnte jemand auf die Idee kommen, dieses Buch sei ein schlimmes, brutal-chauvinistisches Männer-Buch. Ein Buch gegen Frauen gar... Das aber wäre ein Irrtum. Dieses Buch beschreibt nur die Erfahrungen, die Männer mit ihren Frauen nach der Trennung gemacht haben. Es sind, zugegeben, nicht nur gute Erfahrungen. Weil Frauen aber wissen sollten, wie wir Männer über sie denken – darum ist »Kopf hoch, Männer« eigentlich sogar ein Frauen-Buch.

Willkommen im Club der einsamen Männer!

Der Typ war um die 40, trug Schnauzbart und Lederjacke. Es war am Tresen im But'n Dammtor in Hamburg, und er stand neben mir. Wir quatschten und tranken Jever vom Faß.

»Mir geht's gut«, erzählte er. »Kleine Wohnung, aber gemütlich. Keine Nerverei mehr, keiner macht mich an. Na gut, die Kinder vermiß' ich manchmal. Aber sonst – bin eigentlich richtig froh, daß ich zu Hause weg bin. Prost.« Drei Bier später wurde er stiller. Irgendwas ging ihm im Kopf rum. Zwei Korn machten ihn auch nicht fröhlich. Er sah mich an, und in seinen Augen war die stille Traurigkeit eines Dackels.

»Mir geht's beschissen«, sagte er. »Ich hatte Familie, 'ne Riesenwohnung und sogar was auf der Bank. Jetzt hab' ich einen Anwalt und dieses gottverdammte Loch. Ein toller Tausch, was?«

Jede dritte Ehe in Deutschland wird geschieden. Das heißt: Für Millionen deutscher Männer war die wichtigste Entscheidung ihres Lebens ein Flop. Sie haben an die große Liebe geglaubt und sind über Kleinkram gestolpert. Sie wollten alles und sind bei nix angekommen. Sie haben offenbar irgendeinen schweren Denkfehler gemacht.

Man muß sich mal vorstellen. Das sind ja nicht alles

Doofköppe. Das sind Leute, die informieren sich, die gucken Tagesschau und dürfen wählen. Die fahren Auto und machen Kinder. Die sind im Elternbeirat und im Verein. Die machen ihren Job so gut, als ob

ihnen die Firma selbst gehörte. Alles läuft. Nur die Ehe nicht.
Ich behaupte: An uns Männern liegt es nicht. Okay, es gibt welche, die prügeln Frau und Kinder und saufen sich aus der Ehe raus. Asoziales Pack. Vergiß sie.

Von denen ist hier nicht die Rede. Wir reden auch nicht von diesen ökologischen Weicheiern, die mit Tempo 100 und voller Absicht die linke Spur blockieren und die das Wort Liebe durch den merkwürdigen Begriff Beziehungskiste ersetzt haben. Jene Softies, die lila tragen, grün denken und für die Zukunft schwarz sehen. Die mit sich selber nicht klar kommen und folgerichtig auch keine Partnerschaft hinkriegen.
Nein. Wir reden hier von der einzigen männlichen Spezies, von der es sich zu reden lohnt. Wir reden von dem ganz normalen deutschen Mann.
Ich weiß noch, wie meine Frau zum ersten Mal schwanger war. »Ganz komisch«, sagte sie, »offenbar erwartet die ganze Stadt Babys – überall seh' ich Frauen mit 'nem dicken Bauch.«
Das Sein bestimmt halt immer noch das Bewußtsein. Aber beim Thema Scheidung ist es anders. Man muß selbst gar nicht unglücklich liiert sein, um's überall kriseln zu sehen. Sondern: Es kriselt überall. Allein in meiner Firma suchen sechs Mann plus eine Sekretärin zur Zeit eine Wohnung für sich allein. Die Sekretärin sah man in den letzten Wochen oft mit Sonnenbrille. Man zieht so seine Schlüsse draus. Und die Gespräche darüber gleichen sich bis zur letzten Geste.
Typische Szene: Du kriegst im Büro Besuch von jemandem, der lange nicht da war. Obligatorische Frage nach Frau und Kindern. »Danke«, sagst du ganz locker, »denen geht's gut. Aber ich sehe sie nicht so oft, weil ich ausgezogen bin.«

Dein Besuch stutzt. »Oh, das tut mir leid. Mensch, ihr habt doch immer so glücklich gewirkt, das haut mich jetzt echt um.«
Nach diesem schicksalsschweren Satz lehnt sich dein Besuch zurück, steckt sich 'ne Zigarette an, sieht rechts an dir vorbei und philosophiert.
»Ist merkwürdig, wo du hinkommst, nur Probleme. Eigentlich kenne ich überhaupt keine glücklichen Ehen mehr. Im ganzen Freundeskreis nur Scheidung, Trennung, Krach.«
Du nickst. Dein Besuch beugt sich vor und senkt die Stimme (das tun alle an dieser Stelle – offenbar halten sie's am Anfang sogar vor sich selbst geheim): »Um ehrlich zu sein, ich hab' mich ja erstmal wieder arrangiert, aber wie lange das gutgeht – (Achselzucken) – keine Ahnung!«
Du hast es zum x-ten Mal mit einem Mann zu tun, der entwicklungsmäßig ungefähr drei Schritte hinter dir steht. Ehe im Eimer, soziale Bindung hält noch. Er spürt, daß du schon weiter bist. Ist neugierig. Will was lernen. Noch wichtiger aber: Er will reden.

Mein Tip: Wenn's geht, schließ dein Büro ab und nimm ihn mit auf ein Bier. Der Mann ist einsam. Und ich wette 'ne Flasche Chivas, daß dir seine Geschichte sehr bekannt vorkommen wird. Denn es handelt sich bei ihm, soweit sind wir leider schon, um einen ganz normalen Mann.
Anderes Gespräch, du wirst es tausendmal erleben. Kleiner Kreis, man redet über Scheidungen.

Sie: »Eigentlich kenne ich gar keine glücklichen Ehen mehr.«

Er: »Ach Quatsch, das stimmt so nicht.«

Sie: »Na, dann sag doch mal eine.«

Er: »Unsere zum Beispiel.«

Sie: (schweigt)

Er: »Na, aber die Müllers.«

Sie: »Die? Daß ich nicht lache. Mußt mal Frau Müller hören, wenn er nicht dabei ist...«

Ehe kaputt – wen geht das was an?

Meiner Familie geht's gut, aber ich sehe sie nicht so oft. Wir leben getrennt. Ich kenne eine Menge Männer, die mit dieser nüchternen Feststellung Probleme haben. Es lohnt sich also, mal über die Frage nachzudenken, wem man's wie am besten beibringt.

Mein Tip: soviel reden wie nötig – soviel schweigen wie möglich. Wobei es entscheidend drauf ankommt, wen man vor sich hat.

1. *Echte Freunde*. Das ist unproblematisch. Hinsetzen, Flasche auf den Tisch, ausquatschen. Und zwar in jedem Stadium. Echte Freunde hören zu, bis die Sonne aufgeht. Andernfalls sind's keine. Der normale deutsche Mann hat von dieser Sorte Freund übrigens höchstens zwei.

2. *Kollegen*. Hier gilt prinzipiell: halt deine Privatsachen aus der Firma raus. Mach meinetwegen einen Zettel ans Schwarze Brett: »Meyer, neue Privatnummer soundso, bitte notieren!« Reicht vollkommen.

3. *Gelegenheits-Bekannte*, so wie in dem Bürogespräch vorhin. Vermittle denen das Gefühl, daß du hervorragend klarkommst. Helfen können sie dir eh' nicht. Und nichts ist peinlicher als die große Auskotze, wenn man nur höflichkeitshalber nach dem Wohlbefinden gefragt hat. Wird dein Rat allerdings

gesucht von einem armen Kerl, der eigentlich auch ganz gern zu Hause ausziehen würde – behandele ihn wie einen Freund.

4. *Der Chef.* Greif ihn dir unter vier Augen. »Ich möchte Sie nur darüber informieren, daß...«, und am besten hinten dranhängen: »Meine Arbeit wird nicht drunter leiden, das ist selbstverständlich für mich.«

Je nach Lust und Engagement kann man ihm noch ein Bonbon hinwerfen: »Allenfalls nehme ich demnächst mal einen Tag Umzugsurlaub, den zweiten brauche ich nicht.«

Der Chef wird dir tief in die Augen sehen, dir verständnisvoll (von Mann zu Mann) die Hand drücken und vage in Aussicht stellen, daß er sich mal sehr wohlwollend dein Gehalt ansehen will. Wo du jetzt doch steuerlich schlechter dastehst. Was er sich denkt, ist klar: Auf den Meyer wartet zu Hause niemand mehr, also wird er sich voll in die Arbeit stürzen, was mir nur recht sein kann. Und – er hat ja auch recht. Ich kenne jedenfalls keinen einzigen Fall, in dem die Trennung schlecht für die Karriere gewesen wäre (in Hamburg gab's mal einen Bürgermeister, der darüber stolperte, aber das ist erstens lange her, und du bist vermutlich kein Bürgermeister). Also keine Angst um die Karriere – vorausgesetzt, du wechselst weiterhin täglich das Hemd und verpennst nicht pausenlos, weil du wieder mal hoffnungslos versackt bist.

Ich kenne andererseits aber eine Menge Ehe-Frauen,

die ihren Männern die Karriere versaut haben, weil sie einfach nicht kapierten, daß man bei 6000,- mtl. nicht um vier den Mantel nehmen kann. Das nur nebenbei.

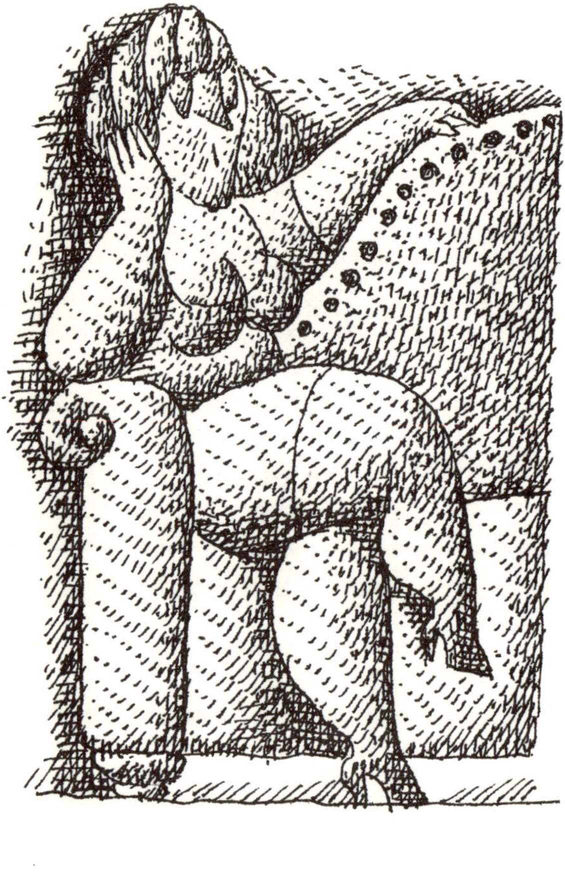

5. *Frauen, die einen interessieren.* Zwei wichtige Tips.
Erstens: unbedingt frühzeitig klarstellen, daß man solo ist. Der fehlende Ehering sagt heute nichts mehr

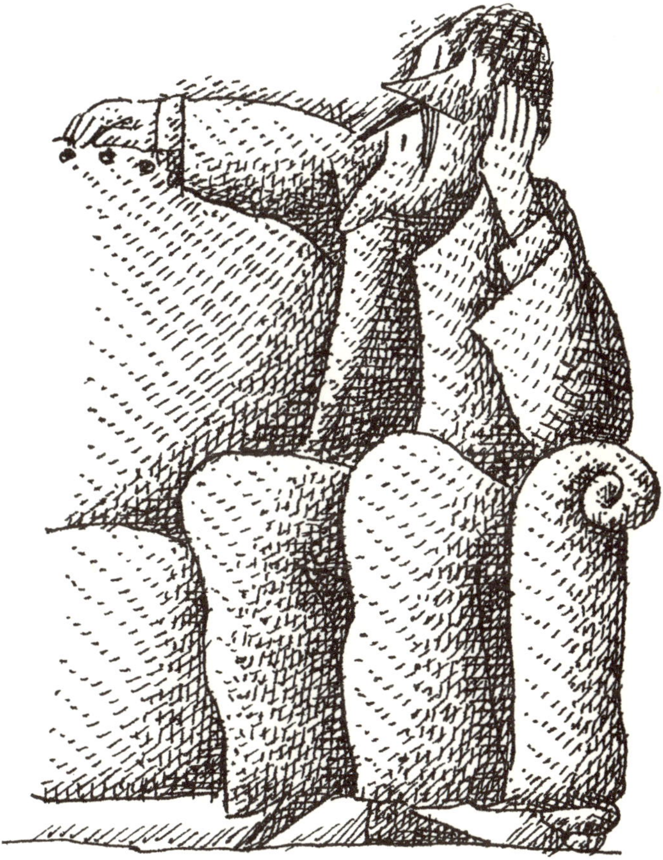

aus. Aber ja keine Regierungserklärung draus machen. Die Nachricht statt dessen in einen Nebensatz verpacken. Irgendwas von früher erzählen und dranhängen: »...das war, als ich noch mit meiner Frau zusammenlebte.« Mehr nicht.
Zweiter Tip: erzähl' der Dame nichts, aber auch gar nichts von deiner gescheiterten Ehe; nicht in der Kneipe, nicht bei ihr zu Hause und schon gar nicht im Bett. Deine traurige Geschichte hebst du dir für die nächste richtige Partnerschaft auf. Denn die Dame deines Herzens sollte schon wissen, warum deine Ehe gescheitert ist (damit sie die Fehler deiner Frau nicht wiederholt). Wenn's nur ein heißer Flirt ist: Schnauze halten. Sonst kriegst du von dem Mädel nicht mal die Telefonnummer. Statt dessen zeigst du dich unabhängig und unverbraucht. Du hast deine Vergangenheit bewältigt. Alles andere schreckt ab.

Check-Liste gegen Ehe-Rückfälle

Das Dritte Reich dauerte zwölf Jahre. Danach brauchten wir weitere dreißig, um wieder einigermaßen sauber dazustehen. Wer fünfzehn Jahre verheiratet war, würde nach dieser Dreisatz-Rechnung 37,5 Jahre zur Vergangenheitsbewältigung brauchen. Ich zum Beispiel wäre dann 75.

Die Rechnung hinkt natürlich. Wäre deine Ehe so schlimm gewesen wie das Dritte Reich, hätte sie keine fünfzehn Jahre gehalten. Und du hast auch nicht vor, bis 75 dran rumzuknabbern. Aber die Vergangenheitsbewältigung ist ein Problem. Wir Männer sind nämlich von Natur aus gutherzig, selbstkritisch und vergeßlich. Wir neigen dazu, auch die klarste, sauberste Entscheidung irgendwann wieder in Frage zu stellen und sie zu überprüfen.

»Samstag zieh' ich aus. Endgültig. Ich nehme erstmal nur die Koffer mit.«

»Nee, die Koffer brauche ich, weil ich am Wochenende mit den Kindern wegfahre. Besorg dir einen Karton.«

Das war Donnerstag – und mein Freund Wilfried wußte ganz genau, warum er auszog.

Freitagabend: Die Sachen gingen tatsächlich in einen Karton. Unterwäsche, Hosen, Hemden, Rasierzeug,

Zahnbürste. Das dauerte kaum eine Stunde. Und nun? Nochmal die halbe Nacht hindurch streiten?
»Komm, wir gehen essen«, schlug er vor. »Zum Abschied.«
Sie nickte. »Aber bezahlen mußt du. Ich hab' ja jetzt kein Geld mehr.«
»Heute finde ich beides ziemlich unverschämt«, erzählte Wilfried mir neulich. »Die Frechheit, mit der sie die Koffer für sich reklamierte, und die Bemerkung mit dem Geld. Als wenn sie jemals was verdient hätte!«
Ich erwähne das, weil es mehr ist als ein Stück von Wilfrieds ganz persönlicher Vergangenheitsbewältigung. Nämlich ein typisches Beispiel für die Gewöhnung des Mannes an die Unterdrückung durch seine Frau.
Meine These: Die Bewältigung einer gescheiterten Ehe fällt uns Männern deshalb so schwer, weil wir innerhalb der Ehe nicht schmerzempfindlich genug waren. Schmerz kann man verlernen. Und was nicht mal weh tut, kann man sich auch nicht für später merken. Das ist ein ganz wesentlicher Grund dafür, daß die meisten Männer nach der Trennung ratlos und kopfschüttelnd in ihrer Bude sitzen und sich verzweifelt fragen: »Wie war das denn nun eigentlich – warum bin ich zu Hause ausgezogen?«
Zwei Beispiele: Mein Freund Hans hat eine, na sagen wir mal, sehr wortgewandte und energische Frau. Sie macht ihn pausenlos an. Wir sitzen beim Bier im Wohnzimmer, nebenbei spielt Boris gegen Ivan.

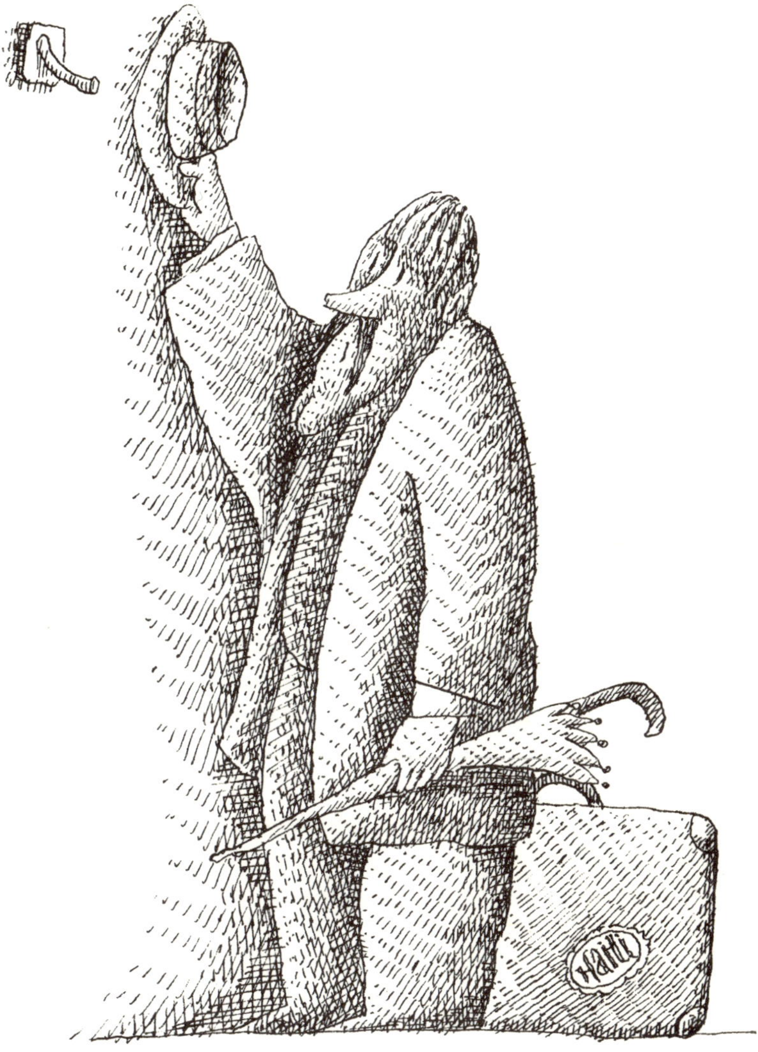
Haiti

Mich stört das nicht, gucke auch mal ganz gern hin. Hans dreht sich ab und zu halb zum Fernseher um.

Sie: »Guck nach vorn, sei nicht so unhöflich!«

Er: »Ich guck' doch nur mal.«

Sie: »Mach doch die Kiste aus.«

Er: »Nee, ich will das gucken.«

Sie: »Mensch, nun unterhalt dich doch mal mit uns.«

Er: »Tu' ich doch.«

Sie: »Nee, du guckst in die Röhre.«

Er: »Quatsch, ich guck' nur mal.«

Meine These: Die Ehe ist im Eimer. Nur – keiner von beiden weiß das. Sie behandelt ihn wie ein kleines Kind. (»Guck nach vorn.«) Er läßt sich das gefallen. (»Tu' ich doch.«) Sie macht ihn viermal hintereinander von der Seite an. Er geht, typisch Mann, viermal drauf ein, ohne auf den Tisch zu hauen und klarzustellen: »Mein Freund und ich, wir gucken dahin, wo wir wollen, und wenn's dir nicht paßt, dann verzieh dich.«

Hans ist kein Weichei und kein Masochist und auch kein Pantoffelheld. Er leidet lediglich an jener Krankheit, die eine deutsche Ehe nach der anderen zerstört: unnatürlich heraufgesetzte Schmerzgrenze des Mannes durch jahrelange stetige Anmache durch die Frau. Er merkt das gar nicht mehr. So wenig wie Wilfried die Sache mit den Koffern und dem Geld gemerkt hat.

Irgendwann wird mein Freund Hans mal aus dem dumpfen Gefühl der Unbefriedigung heraus seine eigenen Koffer packen (oder auch einen Karton) und in seiner Junggesellenbude verzweifelt überlegen, warum die Ehe eigentlich nicht lief – wegen Boris, lieber Hans.

Zweites Beispiel: Mein Nachbar Günter hat so 'ne ganz Stille geheiratet. Schön blond, schön doof. IQ so hoch wie die Zimmertemperatur. Jobbt halbtags als Tippse. Na gut, er liebt sie. Bei denen zu Hause sieht's aus wie auf einem U-Bahnhof. Schmuddelig, nix aufgeräumt, trist. Warum? Er arbeitet wie ein Pferd, ist abends zum Aufräumen zu müde. Sie hingegen vertritt den Standpunkt, wir wohnen zusammen, also machen wir auch zusammen sauber (obwohl sie nachmittags nix zu tun hat). Keinesfalls, so meint sie, mache ich mehr im Haushalt als mein Mann.

Klar, das hat sie irgendwo gelesen: Moderne Frauen spannen die Männer mit ein. Was macht mein Nachbar Günter nun? Er lebt im Dreck und mault über die Emanzipation. Daß seine Frau nicht emanzipiert, sondern nur faul ist, das merkt er nicht: verlorengegangenes Feingefühl aufgrund jahrelanger Unterdrückung, raufgesetzte Schmerzgrenze. Hier kommt noch erschwerend hinzu, daß seine doofe Blondine sich vordergründig auf die Gleichberechtigung berufen kann.

Was haben unsere Frauen mit diesem schönen Wort schon für Mißbrauch getrieben. Und wir Idioten sitzen seit Jahren da und nicken blöd mit dem Kopf. Tun wir's nämlich nicht, dann sind wir total rückstän-

dig, leben im Mittelalter und benehmen uns wie Paschas. Hat deine Frau Abitur, dann nennt sie dich Chauvi. Das ist das gleiche, nur gebildet.
Meine These: Auch die Ehe meines Nachbarn Günter ist im Eimer. Irgendwann wird der Gute mal 'ne flotte Frau kennenlernen, Sex mit Köpfchen, sauber dazu und mindestens ebenso blond wie seine Frau. Dann wird er gehen. Und später, wenn der heiße Flirt vorbei ist, ebenso ratlos dasitzen wie Hans. Alles vergessen. Warum bin ich bloß weggelaufen? Wegen der vielen Journalisten, die deiner Frau was Halbwahres über Emanzipation eingeblasen haben, lieber Günter.
Zurück zum Abschiedsessen meines Freundes Wilfried. Filetsteak mit frischen Pilzen, gut gezapftes Pils, eiskalter Jubi und der Service erste Klasse. Ein tolles Fest bei Kerzenlicht. Seine Frau sah blendend aus. War erstaunlich gut gelaunt. Plauderte geistvoll, verteilte keine Seitenhiebe, vermied die gefährlichen Themen. »Was soll ich dir sagen: Schon bei der Suppe fragte ich mich, warum ich eigentlich ausziehe. Beim zweiten Bier hatte ich sie schon wieder richtig gern. Und auf dem Nachhauseweg hätte ich sie beinahe geküßt.«
Alles vergessen. Alles verdrängt. Wegen einer hübschen Bluse, einem Lächeln und ein paar geistvollen Bemerkungen. Nur weil sie einen Abend lang nett zu ihm war. Meine These: Wir Männer sind oft so blöd, daß die Frauen uns einfach bescheißen müssen. Weil Dummheit bestraft werden muß.

»Was läärnt uns das?« fragt der Hamburger.

- Jede Scheidung hat tausend Gründe. Die meisten davon hast du spätestens dann vergessen, wenn dich der erste große Einsamkeits-Koller packt.
- Die Gründe, die du dann noch weißt, reichen für eine Scheidung niemals aus.
- Also mußt du vorbeugen. Du bist von zu Hause ausgezogen und hast jetzt viel Zeit. Mach dir eine Liste. Schreib alles auf, was gegen deine Frau spricht. Ohne Reihenfolge, nur Stichworte. Was dir einfällt. Was vergessen? Trag's nach. Und leg die Liste gut weg. Irgendwann brauchst du sie.

Ganz Kluge machen die Liste natürlich, bevor sie ausziehen. Mit einem großen Balken in der Mitte. Links kommt hin, was gegen die Frau spricht. Rechts, was für sie spricht. Steht rechts mehr als links, kann man die Koffer wieder auspacken. Glückwunsch – viel Geld gespart.

Wir Männer sind für so was leider meistens viel zu ängstlich. Wir würden uns doch gar nicht trauen, vorher so eine Liste zu machen. Weil wir die Emanzen schon wieder pöbeln hören: »Für den ist 'ne Frau nur ein Stück Ware, wo man Plus und Minus berechnen kann...« »Der behandelt dich wie 'n Gebrauchtwagen...« »Bist du seine Sklavin, oder was?«

Das hören wir uns an, seit die Linken '68 die große Randale machten. Jetzt ist '86, und die Gehirnwäsche hat längst gewirkt. Wir ziehen den Schwanz ein und stecken den Kuli wieder weg. Ich sage: macht

die Liste. Sie braucht es ja nicht zu merken. Es ist eine Liste wie dieses Buch: nur für Männer.
Nebenbei: Unsere Frauen haben die Liste vermutlich längst. Wenn nicht im Nähkästchen oder im Handschuhfach ihres schicken Zweitwagens, dann wenigstens im Kopf. Knallhart. So ist er im Bett, soviel verdient er – das gleicht sich aus oder auch nicht. Soviel Freiheit nimmt er sich, soviel Freiheit läßt er mir. Er sieht gut aus, aber er geht zum Fußball. Er trinkt, aber er haut mich nicht. Er geht mal fremd, aber sein Wagen macht was her.
Du glaubst das nicht? So kalt sind die Frauen nun doch nicht? Vielleicht nicht alle. Aber bevor du glaubst, daß ich übertreibe, hör dir mal folgende Geschichte an:
Es ist knapp zwei Jahre her, da saß ich auf einer Bank in der Sonne auf einem Spielplatz. Mein Großer turnte, mein Kleiner schlief im Kinderwagen. Ich saß ganz allein auf der Bank. Die Bank nebenan war ziemlich voll. Da hockten die Damen wie die Geier auf der Stange. Strickend, glotzend, tratschend. Ich saß zwei Stunden in Hörweite und verstand jedes Wort. Ich war erschüttert.
»Also, diesen Monat hab' ich wieder 70 Mark für 'ne Bluse beiseite geschafft, mein Mann hat überhaupt nichts gemerkt!«
»Ach, das ist ja noch gar nichts. Bei mir gab's jetzt ganz viel aus dem Garten, also das hat ja überhaupt nix gekostet, aber das Haushaltsgeld blieb natürlich konstant.« (Allgemeines Gelächter)

»Wo bleibt Ihrer eigentlich? Sonst holt er Sie doch immer ab?«
»Na den hab' ich erstmal einkaufen geschickt. Kann er doch machen, wenn er den Wagen mit zur Arbeit nimmt? Könnte ja schließlich mit der U-Bahn fahren, oder?« (Beifälliges Gemurmel)
»Also meiner ist wirklich 'n büschen bescheuert. Hat er doch glatt verlangt, daß ich die großen Einkäufe in der Woche mache, damit er am Samstag seine Ruhe hat und mit den Kindern spielen kann. Na, dem hab' ich was erzählt.«
»Also wissen Sie, wie ich meinen Mann neulich beschubst habe? Muß ich erzählen...«
Kein Kommentar, oder? Ich sag' nicht, daß unsere Ehe-Frauen professionelle Betrügerinnen und Diebinnen sind, menschenähnliche Wesen mit der Mentalität römischer Sklaventreiber. Ich vermeide auch ausdrücklich den Begriff ›unverschämte Parasiten‹. Ich sage nur, daß wir Männer all die Jahre geschlafen haben. Das ist für mich einer der Hauptgründe für die hohen Scheidungsziffern, vor denen wir jetzt so ratlos stehen. Und ich behaupte, dies allerdings in vollem Ernst: die Egozentrik und Illoyalität, mit der viele Frauen ihren Beruf als Ehepartnerin ausüben, würde in jedem soliden Unternehmen der freien Wirtschaft zur fristlosen Kündigung ausreichen.

Soeben habe ich in einem Stück durchgelesen, was ich bisher geschrieben habe. Ich fürchte, man könnte mich für einen Frauenhasser halten. Darum folgt jetzt eine *Zwischenbemerkung in eigener Sache:*

- Frauen sind für mich das schönste und beste, was sich der liebe Gott ausgedacht hat. Es gibt nur eins, was ich noch lieber habe als Frauen: meine Kinder.
- Frauen sind für mich keine Gebrauchsgegenstände und keine Feinde, sondern vollwertige Menschen so wie du und ich. Nur ein bißchen hübscher.
- Partnerschaft, die funktioniert, ist für mich das größte. Für eine richtige tolle Liebe gebe ich mein letztes Hemd her und die Schlüssel von meinem Wagen. Ohne die Liebe einer Frau könnte ich langfristig gar nicht glücklich sein. Und ich selbst liebe unheimlich gern und (viel zu) intensiv.
- Das alles hindert mich aber nicht daran, logisch zu denken, Tatsachen festzustellen und facts zu addieren. Und ich stelle einfach fest: So wie wir Männer jahrhundertelang die Frauen ziemlich säuisch unterdrückt haben, weil wir uns unheimlich stark fühlten und weil Gesetz und Moral uns die Waffen dafür in die Hand gaben, so grausam rächen sich die Frauen derzeit an uns. Ebenfalls mit Hilfe von Gesetz und Moral.

  Die Frauen haben sehr, sehr lange gebraucht, bis sie sich endlich mal gewehrt haben. Gegenwärtig sind wir Männer unterdrückt. Und es leuchtet mir einfach nicht ein, warum wir mit den notwendigen Gegenmaßnahmen ebenfalls ein paar Jahrhunderte warten sollten. Darum dieses Buch.

Der Tag geht, die Einsamkeit kommt

Ob du diese Einsamkeit durchstehst, kommt auf die Vorbereitung an. Du warst hoffentlich so schlau, nicht Hals über Kopf auszuziehen, sondern du hast deinen Exodus ein bißchen vorbereitet.

– Du weißt wohin.
– Du hast Geld.
– Du willst wirklich aus der Ehe raus.

Trifft einer der drei Punkte nicht zu, dann laß es lieber...

Geh mal von der Tatsache aus, daß du nach der Trennung von deiner Frau kein unerschütterlicher Fels in der Brandung des Lebens mehr bist. Sondern du hast eben den Ast durchgesägt, auf dem du bisher gesessen hast. Das macht dich ungemein verletzlich.

Geh zweitens davon aus, daß deine Frau ab sofort dein Gegner ist. Nicht so wie bisher, wo halt die Ehe nicht mehr richtig lief und du pausenlos Probleme mit ihr hattest. Nein – diese verhältnismäßig kleinen Probleme hast du gelöst, sobald du deinen Wohnungsschlüssel auf den Schuhschrank gelegt hast und das Türschloß hinter dir eingerastet ist. (Merk dir das Geräusch. Es ist der Startschuß. Jetzt gibt es kein Zurück mehr.)

Kleine Probleme hast du also gelöst. Dafür gibt's jetzt

große. Denn niemand weiß so gut wie deine Ex-Frau, wo du verletzlich bist. Und du kannst Gift drauf nehmen, daß sie gnadenlos Gebrauch von diesem Wissen machen wird. Deshalb sage ich: Hoffentlich weißt du jetzt wohin.

Da gibt's zwei Möglichkeiten. Du ziehst zu deiner momentanen Freundin – oder du hast eine eigene Wohnung. Ich rate zur eigenen Wohnung. Auch wenn deine Freundin ein richtiger Schatz mit reichlich Platz ist. Auch wenn die Dame die große Liebe und der Scheidungsgrund und tödlich beleidigt ist, wenn du nicht bei ihr einziehst.

Für diese These gibt's mehrere gute Gründe und einen, der dagegen spricht: deine Bequemlichkeit. Hier die Gründe für die eigene Wohnung:

Ob du bei deiner Freundin wohnst oder nicht – in jedem Fall bist du »getrennt«. Im wahrsten Sinne des Wortes. Schneid einem Mann das linke Bein ab und leg es einem anderen Mann ins Bett: das Bein bleibt trotzdem ab-»getrennt«, oder? (Auch wenn der neue Besitzer halbseitig amputiert ist, also ein neues Bein ganz gut gebrauchen kann.) Ich meine das nicht so sarkastisch wie es klingt. Du hast deine vertraute Welt verlassen, egal, wohin du jetzt gehst. Ein neuer Lebensabschnitt hat begonnen. So, als wenn heute jemand zu dir sagt: »Herr Meyer, Sie haben im Lotto gewonnen.« Oder: »Herr Meyer, Sie haben Krebs.« Mit diesem neuen Lebensabschnitt mußt du ganz allein klarkommen. Dabei kann dir keiner helfen. Du hast es allein so gewollt, du allein haftest für die Fol-

gen, es ist *dein* Baby. Einerseits kann man dir dazu gratulieren. Andererseits mußt du jetzt erstmal lernen, damit umzugehen.
Sophia Loren, um dir ein bißchen Mut zu machen, hat in ihren Memoiren geschrieben: »Es gibt kein wirkliches Glück ohne Einsamkeit.«
Ich sage: es gibt nichts Schlimmeres, als allein sein zu müssen – aber nichts Schöneres, als allein sein zu können. Aber bis du soweit bist, hast du noch einiges vor dir.
Nächstes Argument: Es wäre doch schwachsinnig. Gerade hast du eine Beziehung hinter dir, wirst von Millionen Männern beneidet. Kannst endlich tun und lassen, was du willst. Und legst dich schon in der nächsten Beziehung fest? Die Welt ist voller Mädels, die a) viel zärtlicher sind als deine Verflossene und b) unheimlich frei sind. Genieße erstmal deine eigene neue Freiheit. Und selbst wenn du heute fest liiert bist – was ist denn mit morgen?
Das dritte Argument für die eigene Wohnung schneide ich nur mal am Rande an. Im Vorwort zu diesem Buch ist von drei Arten der Spezies Frau die Rede: a) von der Frau, b) von der Ehe-Frau, c) von der Ex-Frau. Frage: Zu welcher Sorte gehört deine Freundin jetzt – und zu welcher Sorte gehört sie wohl, wenn du bei ihr eingezogen bist? Und zu welcher, wenn du später mal wieder ausziehen möchtest?
Wie du eine eigene Wohnung findest, weißt du selbst. Natürlich möglichst ohne Makler und Kau-

tion. Wenn's doch sein muß: Der Makler nimmt in Großstädten ca. zwei Netto-Mieten (das ist das Doppelte von dem Endbetrag, den du jeden Ersten an den Hausbesitzer überweisen wirst, und als Kaution nimmt der Hausbesitzer meistens drei Kaltmieten (also die Monatsmiete ohne Nebenkosten mal drei). Die gibt's beim Auszug zurück.

Wie groß die Wohnung sein soll, darüber kannst du mit sieben Freunden reden, und du wirst sieben Meinungen hören. Die meisten raten dir: erstens sollte sie zwei Zimmer haben und zweitens sollte sie so preiswert wie möglich sein, also am besten irgendwo am Stadtrand liegen oder in einem »schlechten« Viertel.

Vergiß alle drei Tips. Sie sind falsch. Erstens reicht ein Zimmer für dich vollkommen aus. Was willst du mit einem Schlafzimmer? Stell dir vor, du lernst ein süßes Mädchen kennen, und nach der ersten Flasche Sekt im Wohnzimmer kommt ihr euch näher. Willst du jetzt mit ihr umziehen? Völliger Quatsch. Das Bett ist jetzt das Zentrum deiner Wohnung. Man kann drauf oder davor auf dem Boden sitzen, drauf liegen kann man sowieso. Kein Mädchen setzt sich spontan auf dein Bett, wenn du einen Sessel im Wohnzimmer hast!

Skeptisch? Weil du doch schließlich keine 25 mehr bist? Meine These dazu heißt: Wenn du's richtig anstellst, macht dich die Trennung von deiner Frau innerhalb von vier Wochen um etwa zehn Jahre jünger, mein Lieber. Wenn du also mit 35 aus der Ehe

rausgehst, bist du sehr schnell bei 25 angekommen. Und mit 25 reicht ein Zimmer – oder?
Zweitens sticht ebenfalls nicht. Meine These: Wie du wohnst, so fühlst du dich. Zieh für 300,– in ein asoziales Kellerloch, und du mietest die Depressionen gleich mit. Gib ein bißchen mehr für eine anständige Wohnung aus, in Sichtweite einer vernünftigen Kneipe und nicht zu weit von deiner Firma entfernt – eine Wohnung, wo morgens die Sonne reinlacht, mit richtiger Küche und anständigem Bad, und du wirst abends gern hingehen und die Kneipe nur mal für 'nen Absacker brauchen.
Zieh keinesfalls in das Viertel, wo deine Frau wohnt (ihr müßt euch ja nicht unbedingt beim Einkaufen treffen). Zieh keinesfalls aufs Land, wenn du in der Stadt arbeitest (was ist, wenn sie dir den Führerschein wegnehmen?). Und, noch einmal, ganz wichtig: Spare möglichst nicht an der Miete.
Denn gutes Wohnen ist Medizin. Wobei das ganze natürlich davon abhängt, wieviel Miete du dir leisten kannst. Von 1500,– netto kann man nicht gleichzeitig Unterhalt zahlen und schick wohnen.
Ich hatte vor Jahren mal beruflich mit Stadtstreichern zu tun. Hab' lange mit den Jungs geredet, in verschiedenen Städten, und hab' sie 'ne Menge gefragt. Die Kernfrage war: »Wie bist du 'n Berber geworden, wie ging das los?«
Neun von zehn Personen antworteten: »Meine Ehe ist in'n Arsch gegangen, damit fing alles an.« Die Männer hatten mal Arbeit, Familie und ein Zuhause.

Dann zerbrach die Ehe. Von da an ging's bergab. Ich unterstelle keinem meiner Leser, daß ich ihn demnächst als Penner in der Fußgängerzone treffen werde, den Hut auf dem Pflaster, die Buddel als Tröster und dieses Buch als Kopfkissen. Ich behaupte aber: Tatsächlich ist die Trennung von der Familie für jeden Mann, auch für den stabilsten, ein ganz gefährlicher Einschnitt. Du rollst jetzt an eine Kreuzung. Biegst du falsch ab, landest du in einer Einbahnstraße. Und im Leben sind manche Einbahnstraßen leider Sackgassen.

Kommen wir zu Punkt zwei. Du wirst keinesfalls ohne Geld zu Hause ausziehen. Ich weiß nicht, warum es so ist – aber in den meisten Ehen, die scheitern, ist die Frau – zumindest finanziell gesehen – der gerissenere Teil. Es schadet also nichts, wenn du dir übers Geld schon vor der Trennung ein paar Gedanken machst. Die natürliche männliche Fairneß wird dich vermutlich davon abhalten, in den Monaten vor der Trennung heimlich was von deinem Gehalt auf ein neues Konto abzuzweigen. Die Frage muß aber erlaubt sein, ob du ausschließen kannst, daß deine Frau das längst für sich gemacht hat. Im Normalfall verdienst du das Geld. Wir lassen mal jene glücklichen Männer außen vor, die keinen Unterhalt zahlen müssen. Und wir reden hier auch noch nicht von der endgültigen Unterhaltshöhe.

Bevor du ausziehst, muß also sichergestellt sein:

– Du hast Geld für die Wohnung (Miete, evtl. Kaution und Courtage)

– Du hast Geld für die Erstausrüstung der Wohnung.
– Du hast Geld zum Leben.
– Es bleibt noch genug für die Frau übrig.

Falls deine Frau Zugang zu deinem Konto hat: Vorsicht. Auch die vernünftigste, fairste Ehefrau neigt zu hysterischen Haßanfällen, wenn der geliebte Mann sie verläßt. Meine These: Viele Frauen könnten sich durchaus vorstellen, ihren Mann zu verlassen. Verlassen zu werden, ist hingegen für sie eine unvorstellbare Kränkung.

Ich kenne intelligente, ausgeglichene Ehefrauen, die keiner Fliege was zuleide tun konnten und sich vom Zeitpunkt der Trennung an in blutrünstige Furien verwandelten. Waffenscheinpflichtige Kamikaze-Bestien ohne Rücksicht auf eigene Verluste. Vernünftigen Argumenten nicht mehr zugänglich. Und traue ihr auch nicht, wenn sie die große Ausnahme zu sein scheint und dir am Anfang sogar noch vorrechnet, wie du dir dein Geld am besten einteilst. Diese Sorte Frauen hofft noch drauf, daß du zurückkommst. Sie hofft auch noch, wenn die Scheidung schon läuft. Und sie flippt in dem Moment aus, in dem sie erfährt, daß du längst 'ne neue Freundin hast. Denn erst das – frag mich nicht warum – ist für viele Frauen das Signal für den endgültigen Bruch.

Bei meinem Freund Mike lief das so ab: Kaum war er ausgezogen, ging seine Frau zur Bank und räumte kalt lächelnd ab, inklusive Überziehungskredit in voller Höhe. Er konnte nicht mal mehr einen Euro einlösen. Natürlich bekam er einen Teil irgendwann übers Gericht zurück. Bis dahin war er aber schon so pleite, daß er nur noch irre lachte, Zigaretten selber drehte und nicht mal mehr seinen Anwalt bezahlen konnte. Es war die Zeit, in der Mike viel vom Strick redete, der ihm ja immer noch bliebe. Und es klang nicht sehr komisch.

Es ist nämlich so: Wenn du mit deiner Frau bisher ein gemeinsames Konto hattest – wenn ihr also beide Eigentümer des Kontos wart –, kannst du es nach der Trennung nicht einfach sperren lassen. Sondern du brauchst dazu ihre Unterschrift – die du vermutlich nicht kriegen wirst. Bist du hingegen allein als Eigentümer des Kontos eingetragen und hast deiner Frau nur den Zugang zum Konto gestattet, dann kannst du diesen Zugang jederzeit rückgängig machen. Du wirst also dein nächstes Gehalt im Zweifelsfall auf ein neues Konto überweisen lassen, an das außer dir keiner rankann. (Termine beachten! Große Firmen müssen so was spätestens am 15. des Vormonats wissen, wegen der Computer-Abrechnung.)

Falls das Konto deiner Frau und dir gemeinsam gehört, bist du aber trotzdem nicht ganz hilflos. Du nutzt den Überziehungskredit einfach bis zur Halskrause aus. Gleichzeitig redest du mit deinem Filialleiter. Sag ihm, daß du ab sofort deinen eigenen Laden aufmachst. Er soll nun drauf achten, daß von eurem Konto nicht mehr abgehoben wird, als der Überziehungskredit hergibt. (Wenn du anständig verdienst, lassen dich die Banken andernfalls weit

übers Limit hinaus im Minus versinken.) Solange du das Konto nun hart an der Unterkante hältst, kriegt deine Frau keinen Pfennig.
Setz den Mann von der Bank ruhig unter Druck. »Ich würde sehr gerne bei Ihnen Kunde bleiben. Das geht aber nur, wenn Sie mir jetzt in dieser schwierigen Zeit ein bißchen helfen. Sicherlich sind meine Frau und ich zur Zeit noch gemeinsame Kunden – aber überlegen Sie bitte, daß ich der Verdiener bin.« Soll soviel heißen wie: Einen von euch wird die Bank als Kunden verlieren. Behalten will sie natürlich denjenigen, der die Kohle ranschafft.
Wenn du ein guter Bankkunde bist (hohe Kredite, hohe Zinsen, anständiges Gehalt, vielleicht 'ne Eigentumswohnung), dann laß dir auf deinem neuen Konto sofort einen vorläufigen Mini-Überziehungskredit einräumen, damit du in den ersten Wochen flüssig bist. Ob die Bank das mitmacht, hängt, wie gesagt, davon ab, ob du ein guter Kunde bist.
Die Sache hat nur einen entscheidenden Pferdefuß. Wenn du das Mitleid deiner Bank während der Ehe pausenlos gebraucht hast – immerzu in den Miesen, schlechte Rückzahlungs-Moral ohne Gegenwerte – und wenn du jetzt mit hoffnungslos überzogenem Konto aus der Ehe rauswillst, dann kann die Bank plötzlich hellwach werden. Nach dem Motto: Der Mann muß künftig Unterhalt zahlen, also halbiert sich sein Einkommen, wie will er da noch Raten abstottern? Sie können dir deswegen zwar deine Kredite nicht kündigen. Aber sie können z. B. den Überzie-

hungskredit ein bißchen reduzieren. Was du im Moment natürlich überhaupt nicht gebrauchen kannst, weil du jetzt 'ne Menge Ausgaben hast. Über die Kosten für die Wohnung haben wir schon gesprochen. Aber nun mußt du ja auch was reinstellen.
Deine Wohnung ist klein, ob sie nun ein oder doch zwei Zimmer hat. Beachte: Sie wirkt um so größer, desto weniger du reinstellst. Am Anfang brauchst du keine Sessel und keinen Schrank. Bett, Tisch, zwei Stühle, ein Regal. Ein paar Haken für deine Jacken. Die Wäsche bleibt erstmal im Koffer.
Mal angenommen, du nimmst von zu Hause am Anfang so gut wie nichts mit (vielleicht läßt deine Frau dich nicht mehr in die Wohnung, vielleicht willst du gar nichts von den Möbeln, vielleicht verzichtest du erstmal wegen der Kinder drauf – die müssen ja nicht jeden Tag durch den weißen Fleck an der Wand daran erinnert werden, daß Papa das Bild mitgenommen hat). In diesem Fall rechne rund 1000,– DM für die Ersteinrichtung deiner neuen Wohnung. Damit kommst du hin, wenn du nicht allzu große Ansprüche stellst. Da sind zweimal Geschirr, Putzmittel sowie ein gebrauchter Staubsauger schon drin. Rechnen wir nochmal 1000,– DM für Gardinen, ein paar Lampen und deine Kosten für die Wohnungssuche dazu, wobei es, wie wir schon wissen, auf Glück und Geschick ankommt, dann sind wir schon locker bei 2000,–.
Zusätzlich wirst du im ersten Monat – auch wenn du geizt – etwa die Häfte deines bisherigen Netto-Ein-

kommens auf den Kopf hauen. Du weißt noch nicht, wo die Konserven am billigsten sind. Du hast die ganzen Tricks der Hausfrau nicht drauf. Du hast vielleicht keine Waschmaschine und bist auf Waschsalons angewiesen (jede Maschine kostet 5 Mark, ohne Trocknen, und du brauchst jedesmal mindestens zwei Maschinen). Bei einem Netto-Einkommen von 2000,– wirst du also zumindest im ersten Monat gut einen Tausender verballern. Macht nach Adam Riese DM 3000,–.

Ich behaupte deshalb: Egal, wie schlecht deine Ehe läuft, zieh erst aus, wenn drei Tausender in deiner Hosentasche knistern. Wenn du sie nicht brauchst – um so besser. Dann leg was für die erste Anwaltsrechnung zurück. Die kommt nämlich schneller, als der gute Mann seinen schwarzen Kittel anziehen kann.

Ziehen wir mal Bilanz. Deine Wohnung ist karg, aber ausreichend möbliert. Du hast was im Kühlschrank. Ein bißchen Geld ist auch noch da. Wir gehen mal davon aus, daß du derzeit keine Freundin hast und im Fernsehen nur Schrott läuft. Jetzt kommt die Stunde, wo es einsam um dich wird.

Ein Kumpel von mir hatte, als er noch verheiratet war, immer eine sehr romantische und sehr männliche Vision: »Ich stell' mir vor, daß ich ganz allein auf einer winzigen Insel bin. So ein Stückchen Land, das nur mir gehört, verstehst du? Ich mal ganz allein mit mir. Über Gott und die Welt nachdenken, mal einen Gedanken zu Ende bringen. Natürlich keine Frau dabei. Nee – du auch nicht, mein Alter. Einmal möchte ich ganz alleine sein.«

Der liebe Gott muß das gehört haben. Jedenfalls ging kurz danach die Ehe kaputt, er fand seine kleine Insel in Form einer schicken Wohnung, möblierte sie recht flott, packte den Kühlschrank voll mit Bier und leistete sich zum Einzug auch die obligatorische Flasche Whisky. Dann wurde es still um ihn. Und er verfiel in tiefe Depressionen.

»Ich weiß gar nicht, was du willst«, sagte ich, »jahrelang hast du davon geträumt, daß deine Frau dir mal nicht dazwischenquatscht. Jetzt hast du das Glück und jammerst.«

Der Mann hatte noch nicht gelernt, allein zu sein. Tatsächlich sind die meisten Männer beim Zeitpunkt der Trennung nicht derart unglücklich, daß sie jede Minute ohne ihre Frau als Geschenk des Himmels betrachten. Ich weiß nicht, ob du Herrn Sauerbrot kennst. Der war so ein Typ. Wilhelm Busch hat ihn erfunden. »Heißa, jubelt Sauerbrot, heißa, meine Frau ist tot! Hier in diesem Nebenzimmer ruhet sie bei Kerzenschimmer.« Und er hüpft vor Freude und strahlt.

Mal davon abgesehen, daß der Mann sich zu früh gefreut hat – die Dame war nur scheintot, und der letzte Vers geht so: »Starr vor Schreck wird Sauerbrot, und jetzt ist er selber tot« – die Sauerbrots sind selten. Du kannst davon ausgehen, daß dir spätestens am zweiten Abend in deiner neuen Bude die Decke auf den Kopf fällt. Das ist ganz normal. Wenn du das aller-

dings vorher weißt, kannst du was dagegen tun. Und darum machen wir jetzt eine Art Überlebens-Training für einsame Männer.
Vorbemerkung Nummer eins: Die ersten drei Wochen sind die schwersten. Zieh deshalb nie in der Adventszeit von zu Hause aus. Spätestens Heiligabend mußt du gelernt haben, allein zu sein!
Vorbemerkung Nummer zwei: Wenn du jetzt 'ne Freundin hast, kannst du dir das Trainingsprogramm sparen. Es gibt nur eine Therapie, die noch besser ist als reichlich Sex mit einem netten Mädchen: Sex mit zwei netten Mädchen, die möglichst nichts voneinander wissen sollten.
Aber da du wahrscheinlich nicht die deutsche Fassung von Robert Redford bist, nützt dir dieser Tip nicht viel. Fangen wir also an.

Die erste Woche
Saufen macht Spaß, löst aber keine Probleme. Trotzdem: In der ersten Woche darfst du trinken, soviel du willst. Sauf dich fröhlich, probier die Kneipen in deinem neuen Viertel aus. Mit einer kleinen Einschränkung: Du kommst jede Nacht eine halbe Stunde früher nach Hause.
Zum Beispiel so: 1. Nacht: bis Mitternacht.
2. Nacht: bis 23.30 Uhr.
3. Nacht: bis 23.00 Uhr (usw.)
Nach einer Woche bist du um neun Uhr zu Hause. Mehr liegt in dieser ersten Woche nicht an. Deine Wohnung ist inzwischen ziemlich verdreckt. Zeit für

die zweite Trainingsphase – da ist neun Uhr durchgängig dein Limit.

Die zweite Woche
Jetzt wird reichlich entwöhnt. Und zwar von 21 Uhr bis zum Schlafengehen. In dieser Zeit bist du zu Hause, trinkst du keine harten Sachen, hast keinen Besuch. Je nach Typ wirst du fernsehen, heulen, telefonieren. Egal – da mußt du durch. (Wer jetzt ein gutes, ehrliches Hobby hat, dem geht's am besten.)

Die dritte Woche
Sie hat zwei wichtige Tage. Am ersten bleibst du zu Hause und machst sauber. Bad schrubben, staubsaugen, Küche wischen, Bett neu beziehen. Am zweiten Tag gilt: kein Besuch, keine Kneipe, tagsüber gar keinen Alkohol, abends keine harten Getränke. Das Telefon wird ignoriert. Spazierengehen ist erlaubt. An den anderen fünf Tagen kannst du machen, was du willst. Dennoch: möglichst wenig saufen.

Du wirst nach diesen drei Wochen zweierlei feststellen. Erstens: Am besten gefällt dir deine Wohnung, wenn sie blitzsauber ist. Zweitens: ohne Frauen lebt sich's eine Zeitlang ganz gut. Zum Saubermachen hast du natürlich nicht mal halb soviel Zeit gebraucht wie deine Frau. Eine Tatsache, die einen schon zum Grübeln bringen kann. Könnte es sein, daß unsere Frauen über den ach so mühsamen Haushalt ein bißchen lauter stöhnen, als der Sache angemessen ist? Denkbar wäre es. Genauso, wie's in deiner Firma ein paar Leute gibt, die einen traumhaften Lenz haben, aber ungeheuer geschickt permanente Überbelastung vortäuschen.
Wie gesagt: Es könnte so sein.

Wie, zum Teufel, find' ich den richtigen Anwalt?

Mein Kollege Rainer neigt zur Ironie: »Eigentlich kann ich auf meine Frau stolz sein«, sagte er neulich und sah nachdenklich in sein Bierglas. »Als ich sie heiratete, war sie jung, naiv und noch ein bißchen blöd. Da war ich eindeutig weiter. Jetzt, nach zehn Jahren Ehe, ist sie clever, ausgebufft und geschäftstüchtig. Ich hab' ihr offenbar doch 'ne Menge beigebracht. Ärgerlich ist nur, daß sie alles, was sie gelernt hat, gegen mich einsetzt.«

Die Behauptung, daß seine Frau ihre Qualitäten ausschließlich ihm verdankt, reicht vermutlich allein schon für die Scheidung aus. Frauen sind da überaus empfindlich. Tatsache ist aber, daß die meisten Frauen ihren Männern bei der Trennung weit überlegen sind, was Raffinesse und Kaltschnäuzigkeit angeht. Dazu ein paar Zahlen. Zwei Drittel aller Ehen werden geschieden, weil die Frau (!) den dringenden Wunsch danach hatte. Das hat der Bielefelder Soziologe Dr. Habermehl ermittelt. Von diesen zwei Dritteln haben über 50 Prozent zum Zeitpunkt der Trennung bereits einen neuen Partner!

Bei uns Männern ist das nicht so. Okay, man gibt ganz gern mit seinen neuen Freundinnen an, die einem jetzt, wo man solo ist, nur so die Bude einrennen. Nur: Drei Viertel davon ist leider übertrieben. Das dauert und dauert. »Die weitaus meisten Männer haben tatsächlich erhebliche Schwierigkeiten, nach der Trennung eine neue Partnerschaft aufzubauen«, berichtet Habermehl. »Viele rufen als erstes ihre Jugendfreundinnen an und stellen fest, daß die längst vergeben sind. In Kneipen trifft man nach wie vor keine interessanten Frauen, die auch noch alleinstehend sind. Für Discos sind wir Männer viel zu alt. Also müssen wir erstmal wieder Kontakte aufbauen. Und das geht nicht so schnell.«

Anders unsere Frauen. Die planen den Zeitpunkt der Trennung. Sie gehen nicht einfach aus der Ehe raus, weil sie ihnen stinkt. Das wäre zwar aufrichtig, kompromißlos und geradeaus – was offenbar typisch männliche Eigenschaften sind – aber es wäre ebenso kurzsichtig. Nein – unsere Frauen sind da klüger. Sie suchen sich erst einen neuen Lover. Dann einen guten Anwalt. Und reden dann erst mit ihrem Mann: »Du, ich möchte mich scheiden lassen.« Du stehst nun hilflos und verlassen vor den Trümmern deiner Ehe und bist im Zugzwang. Mein Tip: Such dir deinerseits einen Anwalt oder eine clevere Anwältin.

Letztes Frühjahr rief eine aufgelöste junge Frau reihum alle Frauenhäuser in Hamburg an und ließ sich die Adressen von Anwältinnen empfehlen, die »auf seiten der Frau stehen«, wie sie sich ausdrückte. Die Damen im Frauenhaus rückten bereitwillig damit raus. Was sie nicht ahnten: Die Anruferin war eine Kollegin meines Kumpels Mike, und ihr weinerlicher

Ton war nur gespielt. Mike nahm die Liste mit den kämpferischen Juristinnen und wußte: Aha, die nimmst du jedenfalls *nicht*. Er ist nämlich davon überzeugt, daß Anwältinnen für Männer besonders gut geeignet sind – sofern es nicht gerade Frauenrechtlerinnen sind. »Frauen sind doch im Anwaltsberuf die Ausnahme«, argumentierte er. »Sie wollen's den Männern also zeigen. Sind bissiger und ehrgeiziger.«

Ich vermute zwar, daß er in Wahrheit ein kleiner Uniform-Fetischist ist: Die Robe hat's ihm angetan. Dafür spricht, daß er damals eine Krankenschwester geheiratet hat und jetzt mit einer Politesse befreundet ist. Aber egal: Nichts spricht dagegen, daß du dir einen hübschen weiblichen Anwalt suchst. Peinliche Einzelheiten aus deinem Intimleben brauchst du ohnehin nicht zu erzählen, die spielen bei der Scheidung heute keine Rolle mehr. Da geht's in 95 Prozent aller Fälle nur noch ums Geld.

Halt dich von den berühmten Star-Anwälten fern. »Was der Bossi im Strafrecht, ist der Müller im Familienrecht« – diesen Tip kannst du gleich vergessen. Der Scheidungs-Bossi wird selten erreichbar sein, ungern zurückrufen, wird dich oberlehrerhaft behandeln und in Gedanken meistens bei seiner nächsten Prominenten-Scheidung sein. Nein – wichtig ist, daß dein Anwalt sich im Familienrecht auskennt und daß du gut mit ihm klarkommst. Drittens, aber das ist schwer rauszukriegen: Er sollte bei Gericht gut angesehen sein. Es nützt dir nichts, wenn du einen ganz tollen Hecht als Anwalt hast und der Familienrichter mit dem Stoßseufzer die Akte aufschlägt: »Ach, der blöde Müller schon wieder. Daß so ein Arsch überhaupt Anwalt sein darf.«

Ich weiß zuverlässig, daß persönliche Antipathie eines Richters gegen einen Anwalt oft für das Urteil ausschlaggebend ist. Im Strafrecht sagt man unter Juristen: »Fünf Jahre kriegt er extra, für seinen Anwalt.« Was dein Anwalt für ein Image bei Gericht hat, ist leider nur schwer rauszukriegen. Wohl nur, wenn dein Nachbar zufällig Richter ist oder deine Freundin bei Gericht arbeitet.

Im übrigen wird heute derart geschäftsmäßig geschieden, daß es einen graust. Ein Freund von mir ist Pilot bei der Lufthansa. Der jammert manchmal über seinen Job. »Am liebsten würde ich alles hinschmeißen und noch mal ganz von vorn anfangen«, sagt er dann. »Alle denken, ich hab' einen Traumjob, aber in Wirklichkeit fliegt die Elektronik, und du als Pilot bist nur noch Knöpfchen-Drücker.« So ist es auch bei der Scheidung. Die meisten Ehen werden nämlich aus den gleichen Gründen geschieden: sie hat einen anderen, er hat eine andere, er schlägt sie, oder einer von beiden säuft.

Richter und Anwälte haben sich längst darauf eingestellt. Am Familiengericht in einer niedersächsischen Stadt wird zum Beispiel kein Urteil mehr auf Band diktiert. Sondern der Richter hat ein Handbuch mit fertig formulierten Absätzen, schlägt nach und diktiert nur noch das Kürzel auf Band. Die Schreibdame hört »A 7«, drückt auf einen Knopf, und rattatam spuckt der Computer den entsprechenden Absatz aus. Nur die Namen muß sie noch einfügen.

Bei den Anwälten läuft es auch so. Olivetti bietet zum Beispiel eine Software für Schriftsätze an, die besonders oft vorkommen. Auch da: Kürzel, Knöpfchen, rattatam. Wobei natürlich auch mal Fehler vorkommen. Zwei Essener Anwälte schickten sich kürzlich wochenlang Briefe, die überhaupt nicht zur Sache gehörten. Bis es den Mandanten auffiel. Woraufhin der eine Anwalt selbst zur Schreibmaschine griff und schrieb: »Sehr geehrter Herr Kollege, mein Computer spinnt, aber Ihrer offenbar auch.«

Du als juristischer Laie wirst von diesen elektronischen Spielchen gar nichts merken. Im Gegenteil. Du kriegst die Kopie von dem Brief, den dein Anwalt ans

Gericht geschickt hat und denkst dir: Das hat er aber toll formuliert. Pustekuchen. Das hat er einmal formuliert, aber nicht für dich; deine Scheidung hat er mit ein paar Variationen schon tausendmal durchgezogen.

Und noch was. Sei nicht enttäuscht, wenn er von deiner leidvollen Ehegeschichte gar nichts hören will. Das ist kein Desinteresse – sondern die Geschichte spielt für die Scheidung einfach keine Rolle. Du mußt ihm klarmachen, ob du wirklich geschieden werden willst. Mehr nicht.

Die Ex-Frau als Erpresserin

Kindesentführung ist das gemeinste Verbrechen der Welt. Mit gutem Grund bekommen Kidnapper im amerikanischen Knast Einzelzellen. Sie würden sonst nämlich gelyncht.

Ich muß jetzt ganz vorsichtig formulieren. Viele Mütter, so behaupte ich, ähneln im Grad ihrer kriminellen Energie professionellen Kidnappern, sobald ihre Ehe im Eimer ist. Sie erpressen den Vater ihrer Kinder gnadenlos nach dem Motto: Wenn du nicht das und das tust, siehst du deine Kinder nicht mehr. Sie schlagen erhöhten Unterhalt für sich selbst heraus, indem sie andeuten: »Na, du willst doch deine Kinder bestimmt ein bißchen öfter sehen, als das Gericht es bestimmt, oder?«

Sie scheuen nicht einmal davor zurück, ihren eigenen Kindern dadurch schweren psychischen Schaden zuzufügen, daß sie ihnen schlimme Märchen über den bösen Vater erzählen. Nicht zu fassen, wozu Frauen imstande sind, wenn sie richtig hassen – ich jedenfalls kenne nur ganz wenige Männer, die auch nur im Traum auf so eine perverse Idee kämen.

Strafrechtlich gesehen, reicht das alles für fünfzehn Jahre Gefängnis aus: Erpressung, Kindesentzug,

schwere Kindesmißhandlung, Verleumdung, schwere Körperverletzung, Nötigung. Mal ganz zu schweigen von der Verletzung moralischer Gesetze, die nicht im Strafgesetzbuch stehen.
Die Nummer läuft immer nach dem gleichen Schema ab. Ganz legal. Am Anfang läßt deine Frau dich die Kinder sehen, so oft es vernünftig ist. Vielleicht jedes Wochenende und auch mal zwischendurch, zum Spazierengehen. Du darfst auch anrufen und mit den Kindern sprechen. Da ist sie ganz fair. »Die Kinder können ja nichts dafür, daß du uns verläßt«, sagt sie, und du freust dich über diese vernünftige Einstellung so sehr, daß du die versteckte Gemeinheit einfach überhörst. Dabei solltest du sehr hellhörig sein. Wer kann denn etwas dafür? Du allein – oder ihr beide? Sie meint mit ihrer kleinen Spitze natürlich: Du bist das Schwein, das die Familie zerstört. Und warte nur ab, sie wird sich schon rächen.
Es folgt der kleinkarierte, nervenzermürbende Streit ums Geld. Natürlich wäre es vernünftig, die finanziellen Streitigkeiten den Anwälten zu überlassen und die Kinder da rauszuhalten. Du schlägst das auch vor, naiv, wie du bist. Aber spätestens jetzt kapiert sie, daß sie dich am Kanthaken hat. Er will was von mir – die Kinder. Ich will was von ihm – Geld. Also: Zug um Zug. So argumentiert sie. Und sie hat nicht mal ein schlechtes Gewissen dabei. Beim nächsten Streit kommt sie raus damit. »Und damit du's nur weißt, die Kinder siehst du so bald nicht wieder.«
Du lachst noch. Kann sie doch nicht machen, oder?

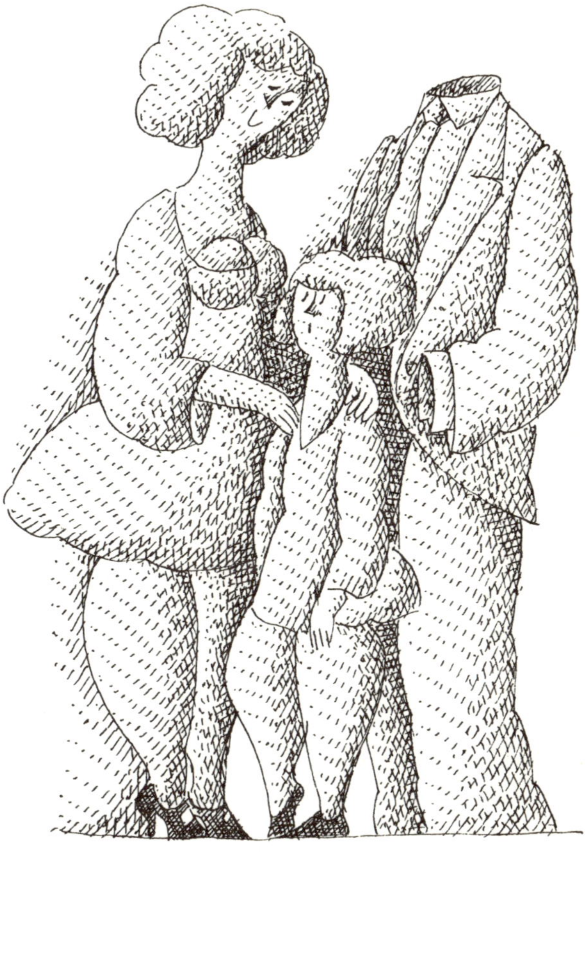

Doch, sie kann. Denn was passiert? Am nächsten Wochenende läßt sie dich nicht in die Wohnung. Du gehst zu deinem Anwalt. Der schreibt ihrem Anwalt (zwei Wochen sind rum). Der schreibt zurück (drei Wochen). Dein Anwalt geht zum Gericht (fünf Wochen), beantragt eine einstweilige Verfügung (sechs Wochen), der Richter kratzt sich am Kopf und nickt bedenklich, als der Anwalt deiner Frau von schweren psychischen Problemen erzählt, die die Kinder durch deine Besuche kriegen würden. Ein Gutachter muß her (zwei Monate sind ins Land gegangen). Deine Kinder werden gefragt, was sie denn eigentlich von Papa halten und stecken somit voll in dem ganzen Trennungs-Mist drin. Was du auf keinen Fall wolltest. Der Gutachter tut seine Pflicht (drei Monate), das Gericht entscheidet neu (fünf Monate); okay, du darfst deine Kinder wieder sehen, aber – Moment noch – deine Frau geht in die Berufung, die Sache kommt vors Oberlandesgericht, und bis das entschieden hat, ist ein Dreivierteljahr vorbei. Ganz legal. Ein Rechtsweg, den ich im Prinzip sogar für vernünftig halte. Denn wie sollten sich Frauen sonst schützen, wenn ihre Ex-Männer tatsächlich schlimmen Einfluß auf die Kinder ausüben? Kriminell ist nicht die Rechtsprechung, sondern die Kaltschnäuzigkeit, mit der viele Frauen sie zu ihren Gunsten nutzen.
Der leitende Angestellte eines Ölkonzerns ging nach der Scheidung nach Hamburg, seine Familie blieb in Düsseldorf. Alle drei Wochen ließ er seine Kinder per Flugzeug an die Elbe kommen und verbrachte das

Wochenende mit ihnen. »Als ich sie das erste Mal in der Ankunftshalle auf mich zukommen sah, blieb mir fast das Herz stehen«, sagte er mir bei den Recherchen zu diesem Buch. »Die Kinder hatten Schuhe an, bei denen vorne die Zehen rausguckten, große Löcher in den Pullovern und Hosen, die vor trockenem Matsch nur so starrten. Die Stewardeß, die sie begleitete, sah mich ganz komisch an. ›Mama sagt, du gibst uns kein Geld, darum müssen wir so rumlaufen‹, erzählten mir die Kinder mit einer Mischung aus Unglauben und Vorwurf.«

Wohlgemerkt: Der Mann verdient gut, Spitze sogar. Er zahlt seiner Familie monatlich 4500,– Mark Unterhalt. Nur – seine Frau hatte DM 7000,– gefordert.

Der gute Mann ist dann mit den Kindern erstmal an den Jungfernstieg gefahren und hat sie neu eingekleidet. Was seine Frau aber nicht hinderte, die Kleinen beim nächsten Besuch wieder in die kaputten Klamotten zu stecken. So ging das ein paar Mal. Bis ihm der Kragen platzte. Er rief seine Frau an und sagte ganz kalt: »Dieses Wochenende kommen die Kinder in den gleichen Sachen zurück, in denen du sie losschickst.« Aus. Ende. Ab sofort waren die Kinder ordentlich angezogen. Er war nicht mehr erpreßbar. Er hätte sie wirklich so verloddert zurückgeschickt, und wenn's Winter gewesen wäre. Seine Frau spürte das mit dem typisch weiblichen Instinkt, den wir in guten Zeiten so schätzen. Und sie machte augenblicklich einen Rückzieher.

Die Parallele zu professionellen Erpressern bietet

sich, so leid es mir tut, schon wieder an. Beliebt und durchaus die Regel ist auch die folgende Erpressung. Du wohnst schon ein paar Wochen allein. Es geht dir auch ganz gut. Es ist Mitternacht, du denkst dir nichts Böses und trinkst noch ein letztes Bier. Da klingelt das Telefon. Deine Frau ist dran. »Ich werde jetzt die Kinder vom Balkon werfen und hinterherspringen. Ich wollte dir nur noch sagen, daß ich dich immer geliebt habe.«

Dir bleibt das Herz stehen. Du wirfst den Hörer auf die Gabel, flitzt ins Auto und rast wie ein Verrückter hin. Klingelst. Deine Frau sitzt ganz ruhig im Sessel und verwickelt dich augenblicklich in eine sehr aggressive Debatte über eure Ehe. So geht's bis früh um vier. Um fünf bist du im Bett, um sechs klingelt der Wecker.

Wer noch glücklich oder gar nicht verheiratet ist und sich nie mit der Thematik beschäftigt hat, der hält das für die hysterische Extremreaktion einer psychisch gestörten Frau, für den allerletzten Aufschrei einer gequälten Seele, die dringend behandelt werden muß. Ich behaupte: Wenn dem so ist, gehört der größere Teil unserer Frauen in psychotherapeutische Behandlung, und zwar schnell. Denn die Ausnahme sind solche Erpressungsversuche nicht.

Gespräch in einem Düsseldorfer Hotel. Ich habe drei Männer aus Nordrhein-Westfalen gebeten, sich mit mir zu treffen und über ihre Erfahrungen als Single zu sprechen. Sie kamen, wir suchten uns eine stille Ecke in der Empfangshalle und tranken Kaffee. Langsam wurden sie warm. Erzählten mehr von ihren Eheproblemen als von dem Leben als Single. »Und das Schlimmste war am Anfang eigentlich, daß ich ziemlich wenig schlafen konnte«, meinte der eine dann zögernd. Wieso, ging ihm die Sache so nahe? »Nein, nicht deswegen. Sondern wegen der Selbstmorddrohungen meiner Frau.«

Ich sah ihn entsetzt an. Und jetzt kommt's. Die beiden anderen nickten gleichmütig, winkten ab und meinten bloß: »Och, das haben wir auch hinter uns, ist wohl normal.«

Zirkus Althoff, kurz nach der großen Trapez-Nummer. Die beiden Super-Clowns latschen in die Arena. Der eine ist lieb, aber doof. Er kriegt pausenlos von dem anderen was auf die Mütze. Fällt in den Sand, rappelt sich auf, kriegt wieder was übergezogen. Und das Publikum brüllt vor Lachen.

Ich werde das Gefühl nicht los, daß wir Männer derzeit die Rolle des Doof-Clowns spielen. Wir rackern uns ab, grinsen blöd, werden verhauen und fallen auf die Nase. Stehen wieder auf, kriegen von hinten einen Schubs und liegen wieder im Dreck. Wer auf der anderen Seite den schlauen Clown spielt, den, der nie verliert und dem immer applaudiert wird – die Frage erübrigt sich wohl.

Das Publikum ist die Gesellschaft, ist dieser Staat mit seinen sehr, sehr toleranten Gesetzen, seinem ungeheuer großen Freiraum für ihren Mißbrauch und seiner historisch verständlichen Angst, sich an Schwachen zu vergreifen. Die Schwachen sind unsere

Frauen. Und die haben längst kapiert, wie sie diese Rolle ausnutzen können.

Gegenmittel? Es gibt eins. Es ist simpel und wirksam. Es tut weh und widerspricht allem, was dir in der Ehe heilig war. Es heißt: Laß dich nicht erpressen. Sie streicht dir die Kinder? Okay, du kannst eine Zeitlang damit leben. Lach sie aus. Sag: Na und, dann regeln wir das eben übers Gericht. Sie will vom Balkon springen? Laß dich nicht drauf ein. Sag: Na, dann tu's doch. Wetten, daß sie nicht springt?

Ich weiß durchaus, wo der Haken ist. Du hast es längst kapiert. Es könnte ja sein, daß ich die Wette verliere. Daß sie wirklich springt. In diesem Fall müßte ich passen. Es gibt Fälle, die nicht vom Ehemann und nicht vom Buchautor geklärt werden können. Sondern nur vom Psychiater. Der dann zu spät käme.

»In einer vernünftigen Scheidung werden Partner gebraucht, die menschliche Größe haben. Die meisten Frauen haben diese menschliche Größe nicht.«

»Kälte, Starrsinn, Egozentrik. Das sind die Eigenschaften einer durchschnittlichen Frau, wenn du dich von ihr trennst.«

»Auf das Kindeswohl nimmt sie keine Rücksicht mehr. Ich stand am Anfang hilflos davor. Verstand die Welt nicht mehr. Das war doch nicht die Frau, die ich mal gewollt hatte, die ich schließlich bekommen hatte. Die Frau, die ich mal liebte. Heute weiß ich, daß sie immer so gewesen sein muß. Nur – in der Ehe hat sie's nicht gezeigt. Es ist was in den Frauen, ein

Abgrund der Seele, in den wir Männer nie hineinschauen. Nur, wir stehen manchmal am Rande des Abgrunds und können erahnen, was da brodelt.«
Das alles ist nicht von mir. Es sind Zitate von einem Mann, der ein paar Absätze in diesem Buch verdient hat: ein Berufs-Geschiedener, ein Kämpfer. Was die Kelly für die Grünen, das ist dieser arme Kerl für uns Männer. Frag ihn, was du willst – im Scheidungsrecht ist er zu Hause. Und heute lacht er sogar drüber.

Nachdem ihm drei Jahre nicht danach zumute war. Ich lernte ihn beim Zeitungslesen kennen. Es war ein kleines Anzeigenblatt, das zwischen Flensburg und Eckernförde einmal die Woche in jedem Briefkasten steckt. Ein Blatt mit plattdeutschem Titel, der auf hochdeutsch übersetzt heißt: »Guten Tag, liebe Leute.« So ein Blatt war das. Und da stand mitten zwischen »Waschmaschinen, gebr., 100,–« und »Kinderwg., hellblau, und VW Bj. 80« folgende Anzeige: »André, Maria und Birgit, warum darf ich euch nicht sehen? Euer Vater.«
Die Namen habe ich frei erfunden. Es gibt einen Gerichtsbeschluß, der dem Mann verbietet, sein Leid in die Öffentlichkeit hinauszuposaunen. Und ich möchte ihm keine Schwierigkeiten machen.
Nächste Woche wieder eine Anzeige. »André, Maria und Birgit. War ich denn wirklich so ein schlechter Vater?«
Dann die dritte. »Habt ihr mich nicht mehr lieb?«
Die vierte. »Ich denke immer an euch.«
Und so weiter. Die Leute redeten darüber. Sie hielten den Atem an, zwischen Flensburg und Eckernförde, das Blatt steckt wohl 500000 mal in den Briefkästen, und sie lesen es alle. Man spürte, daß das kein Witz war. Keine Anzeigenkampagne von einer schicken Hamburger Agentur, die dann irgendwann mit der Werbung rauskommt: »André, Maria und Birgit. Jetzt trinke ich Jägermeister, und es geht mir wieder gut.«
Nein. Das hatten keine Profis formuliert. Das war ein Vater von drei Kindern, der nachts zu Hause saß und

die Wand anstarrte, an seine Kinder dachte und sie nicht sehen durfte. Ein Bundesland hatte Mitleid. Schleswig-Holsteins Männer waren solidarisch. Und ich ging zur Zeitung hin. »André, Maria und Birgit. Journalist sucht Kontakt zum Vater. Bitte melden unter Chiffre...«

Er meldete sich sofort. »Kontaktaufnahme erwünscht«, schrieb er dazu, und hinter das zweite Wort machte er drei Ausrufungszeichen. Er sah gut aus, war intelligent und flog einen Starfighter fürs Vaterland. Einer von denen, die aufsteigen, wenn 99 Luftballons im Osten am Himmel stehen. Ein knallharter Bursche. Er weinte. Ich brachte ihn mit dem Hamburger Autor Hans-Heinrich Reichelt zusammen. Ein Familienvater mit unheimlich viel Feingefühl. Hat ein paar Bücher geschrieben und viel Geld damit verdient und ist trotzdem Mensch geblieben. Reichelt schrieb die Geschichte dieses Mannes für eine große Illustrierte. Ich las sie und weinte auch.

Der Mann war siebzehn Jahre verheiratet. Die Ehe lief mal so, mal so, es reichte immerhin für drei Wunschkinder. Er liebte seine Frau, am Anfang liebte er sie wirklich, dann kam die Routine, er mochte sie immer noch; man baute, man hatte Pläne, man war halt verheiratet. Dann ging er auf die Vierzig zu, kam in die große Krise und fragte sich: Das kann doch nicht alles gewesen sein? Er hatte danach eine Freundin. Sie kam dahinter. Der große Krach, die endlosen Debatten. Er schoß die Freundin in den Wind, er wollte ja die Familie. Aber so einfach war das nicht.

Er hatte seine Frau getroffen wie einen russischen Bomber über Helmstedt. »Mein Mann betrügt mich.« Das verkraftete sie nicht, und sie schmierte ab. Nichts ging mehr.
Er hielt es irgendwann nicht mehr aus. Zog aus. War bereit, seiner Frau einen anständigen Unterhalt zu zahlen. Wollte sich, wie man so sagt, gütlich mit ihr einigen. Die Kinder, so dachte er, werde er regelmäßig sehen können, weil er seine Frau weder für geisteskrank noch für kriminell hielt. Er ging ganz einfach logisch davon aus, daß sie die Kinder aus der Ehekrise heraushalten werde, soweit es ging. Er hatte nur eines übersehen. Frauen sind nicht mehr logisch und auch nicht mehr vernünftig, wenn du sie verläßt. Oft gewinnt ihre Rachsucht sogar Oberhand über ihre Mutterliebe.
Seine Frau spürte, daß ihr Pilot soeben dabei war, zu einem Never-come-back-flight zu starten. Sie ließ ihn auf die Startbahn gehen. Kaltlächelnd. Nur – das Liebste, was er hatte, das sperrte sie ihm vom gleichen Tag an.
»Die Kinder siehst du nie wieder.« Diesen Satz hörst du mit Sicherheit nicht nur einmal, wenn du dich von deiner Frau trennst. Wenn du Glück hast, hörst du ihn nur spät in der Nacht, wenn deine Frau ein bißchen was getrunken hat und die Wellen ziemlich hochschlagen. Die Pilotenfrau machte mit erstaunlicher Konsequenz ernst damit. Der Mann hat seine Kinder tatsächlich nicht wiedergesehen. Jahrelang. Von einem Tag auf den anderen. Die Älteste wurde

kürzlich volljährig. Sie rief ihn spontan an, ist jetzt oft bei ihm. Sie zeigte ihm Fotos von den Kleinen. Er hat seine eigenen Kinder nicht erkannt. Und bis die volljährig sind, werden noch Jahre vergehen.

Geht denn so was? Es geht. Denn selbst, wenn das Oberlandesgericht dir endgültig das Besuchsrecht einräumt, und wenn's nur vier Stunden im Monat sind: Was ist denn, wenn die Kinder dich einfach nicht mehr sehen wollen? Wer Kinder hat, der weiß, daß man da durchaus dran drehen kann. Vorsichtig ausgedrückt: Der Pilot glaubt, daß seine Kinder von der Frau beeinflußt wurden. Aber beweisen kann er es natürlich nicht.

»Ich war ja nicht nur beim Anwalt, beim Gericht usw. Ich war x-mal beim Jugendamt. Weißt du, was die einem sagen? Tja, guter Mann, sagen die, wenn du so eine Frau geheiratet hast, dann ist das dein Problem. Da können wir dir auch nicht helfen. Wir können die Kinder ja schließlich nicht zwingen, oder?«

Das Thema ist knifflig. Ich weiß, daß es Väter gibt, die sich am besten bis ans Ende der Welt verziehen und denen man die Kinder tatsächlich nie wieder geben sollte. Ich habe auch kein Patentrezept für Richter und Jugendämter zur Hand. Ich klage nur all diejenigen Frauen an, die Kinder benutzen, um ihren Mann zu treffen. Ich bin überzeugt: Es gibt mehr Frauen dieser Art, als wir Männer bisher geglaubt haben. Jeder von uns hält sein eigenes trauriges Schicksal für einen Einzelfall. Weil wir auch im Streit noch fair zu sein versuchen, machen wir unsere Frauen auch

nach der Trennung nicht schlecht. Das heißt: Wir reden kaum mit den besten Freunden über ihre miesen Tricks.
Schluß damit. Ich behaupte: Viele Frauen sind in diesem unseren Lande ein Sicherheitsrisiko ersten Grades. Weil sie – im Gegensatz zu uns Männern – nicht in der Lage sind, persönliche Krisen vernünftig zu bewältigen. Ihre Mütter haben 45 noch mit blutigen Händen die Trümmer beiseite geräumt. Sie aber schmeißen Handgranaten auf die Trümmer ihrer Ehe und haben dabei auch noch das scheinheilige rote Kreuz auf der Armbinde. So wie wir Ronald Reagan immer noch ein bißchen mißtrauen, weil wir Grund zu der Annahme haben, daß er im entscheidenden Moment – immer noch ganz Hollywood – den falschen Knopf drückt, so sollten wir auch unseren Frauen mißtrauen. Nur, Reagan macht seine Sache ganz gut. Unsere Frauen drücken meistens nur die falschen Knöpfe, wenn ihre Ehe scheitert. Es geht dabei zwar nicht um den Weltfrieden. Es geht aber um ein paar hunderttausend Kinder. Und die werden später mal an den Knöpfen sitzen.
Deshalb behaupte ich: Die Egozentrik und vor allem die Rachsucht unserer Frauen ist tatsächlich ein Sicherheitsrisiko für die Bundesrepublik Deutschland. Weil durch sie eine ganze Generation von Kindern schweren psychischen Schaden leidet. Weil wir heute schon absehen können, daß wir in fünfzig Jahren von einem Haufen seelisch kaputter Scheidungsopfer regiert werden.

Apropos Rachsucht der Frauen. Ich könnte nach vielen Interviews mit diesbezüglich geschädigten Männern ganze Bände darüber schreiben. Es ist wohl auch kein Zufall, daß meine liebe Kollegin Constanze Elsner – Illustriertenlesern hinlänglich bekannt durch ihre Katastrophen-Ehe mit jenem österreichischen Salon-Ex-Zuhälter namens »Minusmann« – gerade jetzt ein Buch schreibt, das nur aus gemeinen Tips besteht: »Wie räche ich mich an meinem Mann?«
»Es wird ein ganz humorvolles Buch«, sagte sie mir gestern am Telefon. Bin mal gespannt, ob außer Frauen noch jemand drüber lachen kann.
Rachsucht. Nehmen wir mal ein Beispiel aus dem Notizzettel-Stapel, mit dem ich in den letzten Monaten meine Wände tapeziert habe. Axel Thorer hat mir die Geschichte erzählt. Er übertreibt selten, ist ein Freund von mir und als Reporter und Buchautor sowieso der Wahrheit verpflichtet. »Ich ging so für mich hin durchs schöne Grünwald bei München«, so begann er und zwirbelte seinen unglaublich waagerecht stehenden Seehunds-Bart, »da sah ich einen schwarzen Leichenwagen vor einer wunderschönen Villa stehen. Die Haustür, eingerahmt von herrlichen weißen Säulen, stand offen. Ich, neugierig von Berufs wegen, sah hinein. Da standen ganze Reihen von kostbaren alten Briefmarken-Alben im Hausflur, es war eine Pracht, und allein die Alben rechnete ich spontan auf 35 000 Mark – ohne Inhalt, den ich nicht kannte. Nun, sie trugen einen toten Professor aus dem Haus, wie mir der Leichenträger verriet. Und die

Alben gingen mir nicht aus dem Kopf. So ließ ich einen Freund – er ist Briefmarken-Auktionator und hat einen guten Namen in München – bei der Witwe anrufen. ›Sie schrie förmlich auf‹, berichtete er mir, ›Hauptsache, die Dinger kommen aus dem Haus‹, kreischte sie, ›schicken Sie, wen Sie wollen – weg damit, sonst verbrenne ich das Zeug!‹ Das wollten wir beide nicht. Ich mietete ein Lasttaxi und fuhr hin. Die alte Dame, sehr gepflegt, war wie von Sinnen. ›Nehmen Sie das Zeug weg‹, bat sie heftig, ›nur weg damit! Wie hab' ich mich auf unseren Lebensabend gefreut. Und was hat er gemacht? Briefmarken hat er eingeklebt, immer nur Briefmarken. Weg damit! Raus aus dem Haus!‹

Soweit mein Kollege Axel Thorer. Er hat mit dem toten Professor gelitten. Der war noch warm, als seine Witwe das »Zeugs« schon zum Abtransport in den Flur gestellt hatte. Wie muß sie die Marken gehaßt haben.

Wir saßen kürzlich im »Bellevue« in Hamburg an der Alster zusammen, der Axel und ich, und wir grübelten: Kann sie den Mann geliebt haben, dem die Marken gehörten? Oder, andersrum: Hätte sie statt der Marken nicht ebensogut den Mann vernichten können, dem sie gehörten?

Axel erzählte mir dann noch von einem Buch, das er nie schreiben wird, weil ihm die Fakten zu privat erscheinen. Es geht um die Witwen von Abenteurern und Forschern. Er hat sie gefragt, wie sie damit leben, daß ihre Männer unentwegt am Rande des Todes

standen, im ewigen Eis, in den Wüsten, im Dschungel. »Du glaubst es nicht«, sagte er, »sie hassen den Beruf ihrer Männer. Einer, es ist einer der bekanntesten, starb, und seine Witwe verbrannte alles, was er je erforscht hatte. Es waren Schätze, die nie ersetzt werden können...«
Wenn Frauen hassen, dann sind sie wie von Sinnen. Rambo ist ein Friedensengel gegen sie. »Manchmal«, sagte ich sinnend zu Axel, »stehen wir Männer erschaudernd vor dem Abgrund ihrer Seelen und sehen doch nur die von Nebel verhüllte Oberfläche.« Er nickte stumm und zwirbelte seinen Bart.
Hier war von einem Professor die Rede und von klugen Forschern. Mag sein, so könnte man argumentieren, daß beide nun mal ganz besondere Frauen haben: vielleicht ganz besonders intellektuelle, geschärft im Verstand und geschärft auch im Zorn. Keine normalen Frauen. Randgruppen der Gesellschaft, zwar am oberen Rand angesiedelt, aber doch nicht so sehr typisch. So könnte man denken, es wäre aber falsch. Hat deine eigene Frau dich nicht auch mit ihrer unstillbaren Rachsucht verfolgt, nachdem du dich von ihr getrennt hattest? Wenn nicht, dann ist es vielleicht nur eine Frage der Zeit. Ich behaupte, daß sie dazu fähig ist. Gleichzeitig weiß ich natürlich, daß jede Verallgemeinerung den Keim des Irrtums in sich trägt. Ich beziehe mich bei meinen Behauptungen weder auf eigene Erfahrungen, noch auf statistisch gesicherte Erkenntnisse. Ich sprach mit Männern. Bundesweit, jahrelang. Sie erzählten es mir.

Nehmen wir mal Jan, einen Jungen aus Norddeutschland, der Baggerfahrer gelernt hat. Er hatte seine Frau nach endlos-zermürbenden Jahren verlassen. Sie sperrte ihm die Kinder. Er zog vor Gericht. Dann hatte er endlich das Besuchsrecht und nahm es auch wahr. Am Tag davor rief ihn ein Kumpel aus alten Zeiten an, der noch Kontakt zu seiner Ex-Frau hatte. »Sei vorsichtig«, riet er ihm, »die hat ein paar Schläger angeheuert.«
Kein Spaß, es war so. Die Jungs sahen aus wie frisch vom Kiez eingeflogen, und Jan entging den Prügeln nur, weil er die Kinder unten an der Haustür entgegennahm und ablieferte und auf der Straße ein paar Zeugen warteten, die er engagiert hatte.
Was würde ich dazu sagen, wenn ich eine Frau wäre? Der Jan ist wahrscheinlich ein rechtes Schwein, würde ich vermuten, der hat seine Frau wohl so gequält und geprügelt, daß sie sich eine Bodyguard zulegen mußte. So wird's wohl gewesen sein. Als Frau könnte ich mit dieser Version sicherlich leben. Als Mann sage ich aber, und hier liegt die Wahrheit: Jan ist ein harmloser Softie, der tut keiner Fliege was, schon gar keiner Frau, und das Kräftigste an ihm ist sein Bagger. Den hatte er aber, soviel ich weiß, nicht mit.

Die erste Frau danach

Find her and forget her. Das ist für die ersten Wochen der problemloseste Weg, hormonellen Überdruck abzubauen. Er darf dich nur nicht daran hindern, langfristig wieder eine richtig schöne Partnerschaft aufzubauen.

Punkt eins (find her) – das mag ein bißchen dauern, ist aber erfahrungsgemäß nicht das Problem. Punkt zwei (forget her) ist eins, gerade am Anfang. Es ist ein psychologisches Problem, und es liegt in dir selbst. Jahrelang warst du verheiratet. Warst an ein vertrautes Gesicht gewöhnt, und vieles war eingespielt. Das war ganz gut. Du mußtest über vieles nicht mehr diskutieren. Du warst irgendwo zu Hause, und da war jemand, den du liebtest. Denn wenn du am Schluß auch kreuzunglücklich warst: Es gab ja mal bessere Zeiten. Und im Grunde sind wir Männer für eine richtig schöne normale Partnerschaft gemacht. Also: Von heute auf morgen umzuschalten, das fällt den meisten am Anfang schwer. Sie sind Single-Azubis und noch längst keine Profis. Darum mein Rat: Paß auf, daß du nicht beim ersten Bums-Verhältnis hängenbleibst. Dann geht der ganze Mist nämlich wieder von vorn los, und du hättest ebensogut auch zu Hause bleiben können.

Ich weiß, daß es Ausnahmen von dieser Regel gibt. Du ziehst von zu Hause aus und stolperst, die Koffer noch in der Hand, über die große Liebe deines Lebens. Kann passieren, sicherlich. Du wirst aber zugeben, daß die Chance etwa so groß ist, wie Samstag einen Sechser zu haben und am Mittwoch danach gleich noch einen. Meine These heißt deshalb: Wenn du gleich beim ersten Mädel bleibst, bist du vermutlich zu blöd, um dein Leben allein zu genießen. Irgendwas stimmt mit dir nicht. Oder du bist einfach von Natur aus faul und träge.
Wir halten uns also zunächst an die zwei F (find her usw.) und sehen der hormonellen Zukunft gelassen ins Auge. Was aber, wenn's nicht gleich klappt? Dann halten wir es mit dem PLAYBOY vom Januar 86, Seite 28, rechts unten: »Genuß ist, wenn man weiß, was Verzicht bedeutet. Der Orgasmus danach ist um so schöner.«
Am Anfang, um es mal ein kleines bißchen holzgeschnitzt auszudrücken, ist also alles erlaubt, was gut bumst. Ich möchte da allerdings zwei winzige Einschränkungen machen: Der erste Frauentyp, vor dem ich dich ausdrücklich warnen möchte, ist der Berufs-Single. Das sind diejenigen Damen, die eine Partnerschaft fürchten wie der Teufel das Weihwasser. Alleinsein ist ein Teil ihrer Lebensphilosophie.
Du lernst also irgend 'ne Mieze kennen. Eine ganz tolle Maus. Nennen wir sie Sonja. Blendend sieht sie aus. Zwanzig ist sie nicht mehr, aber du ja auch nicht. Köpfchen hat sie, noch mehr Geschmack als

du, 'ne schicke Wohnung und einen tollen Wagen. Nur einen festen Partner, den hat sie nicht. Aber jetzt bist du ja da. Mit Elan und Phantasie machst du dich ran. Und, nicht zu fassen, die Schöne erhört dich. Das alles in einer Zeit, wo du gerade zweiflerisch und verbissen nach der gescheiterten Ehe um deinen eigenen Selbstwert kämpfst. Es muß dich einfach umhauen. Sonja ist doch der Beweis, daß du gar nicht der traurige Vogel bist, zu dem deine Frau dich gemacht hat. Paul Müller, jahrelang in der Ehe versauert und gerade noch mit Schrammen rausgekommen, reißt die tollste Frau der Stadt auf? Du bist selig. Du glaubst wieder an dich und das Glück. Und du verliebst dich in sie, was der schwerste Fehler ist. Denn Männer sind für dieses Spiel viel zu ehrlich. Du verliebst dich – und natürlich sagst du's ihr.
Wetten, daß du sie von dem Tag an nur noch sehr selten sehen wirst? Sie weiß jetzt nämlich, daß du viel mehr willst, als sie zu geben bereit ist. Und weil sie Single von Beruf ist, macht sie blitzartig die Schotten dicht. Du leidest tierisch. Verstehst überhaupt nichts mehr. Sitzt bis nachts um drei am Telefon und starrst es an. Warum klingelt es nicht, verdammt? Vielleicht klingelt es auch. Du reißt den Hörer ans Ohr. Dein Kumpel ist dran. Will nur mal höflich fragen, wie's dir geht. Du schreist ihn an, er soll die Leitung nicht blokkieren. Benimmst dich wie ein Trottel.
Die Country-Gruppe TRUCK STOP hat über so einen armen Hansel ein Lied geschrieben. Er hat auch gerade seine Probleme mit einem Berufs-Single.

»Nur, weil ich nicht mehr wie früher lache,
nur, weil ich nicht mehr zum Kegeln geh',
nur, weil ich Spaziergänge mache
und nächtelang vor ihrem Fenster steh' –
Nur, weil ich ihr Bild noch bei mir trage,
als ob das etwas Sonderbares wär',
nur weil ich die Nachbarn nach ihr frage,
glaubt sie, ich laufe ihr noch hinterher...«

Natürlich läuft er ihr hinterher. Ebenso hastig wie sinnlos. Am Ende vom Lied bezeichnet der Junge sich selbst als »Liebes-Kasper«. Und genau das ist er auch.

Manche Berufs-Singles sind zutiefst geldgeil. Das heißt: Sie rechnen einfach knallhart aus, was du ihnen bieten kannst, und stellen dann fest, daß sie alleine besser dastehen. Die sind aber in der Minderheit. Die meisten sind durch eine frühere Partnerschaft, die überhaupt nicht lief, total versaut. Oder sie haben eine tiefe, festsitzende Bindungsangst. Mit der haben sie zu leben gelernt. Darum machen sie eigentlich auch einen ziemlich glücklichen Eindruck.

Gegen Berufs-Singles gibt es zwei Gegenmittel. Erstens: die Finger davon lassen (was du freiwillig vermutlich nicht tun wirst). Zweitens: selbst ein Profi-Single werden. Es muß ja nicht für immer sein. Aber du kannst von der Frau lernen. Wenn du also auf deiner kleinen Insel wirklich der König bist, wenn du dein Single-Leben genießt und hormonell ausgeglichen bist: dann darfst du dir die Dame ab und zu leisten. Aber setze sie nie unter Druck. Sag' ihr nie, daß

du sie liebst, und wenn es dreimal stimmt. Vielleicht, das wäre natürlich der Glücksfall deines Lebens, kommt sie ja eines Tages von sich aus zu dir. Bis dahin: keine Besitzansprüche.
Der zweite Frauentyp, vor dem ich dich warnen muß, ist der Klammer-Affe. Da läuft der Hase nun genau andersrum. Du willst eigentlich deine Freiheit genießen und nur ein bißchen Spaß haben. Aber das Mädel will mehr, will alles. Und es kämpft um dich. Hierbei handelt es sich meistens um sehr liebe, häusliche Damen, die seit Jahren von einer richtigen Partnerschaft träumen, wegen Pech oder Ungeschick oder zu dicker Beine eine solche bisher entbehrten und jetzt in dir die ganz große Chance sehen. Nach der ersten Nacht fehlt dir an keinem Hemd mehr der Manschettenknopf. Sie hat alle angenäht, als du noch schliefst. Nach der zweiten Nacht kannst du schon einen Nachmieter für deine kleine Insel suchen, weil du bald zu zweit wohnen wirst.
Laß es. Dieser Typ Frau hat kaum weniger egoistische Motive als der Berufs-Single. Und weil es einfach gemein wäre, sie die Hemden waschen zu lassen und irgendwann mal fürchterlich zu enttäuschen, solltest du dich nach der ersten Nacht gepflegt verpissen. Laß dir meinetwegen noch die Knöpfe annähen, aber dann... Sie wird's nicht verstehen. Aber – müssen Frauen dich jetzt überhaupt verstehen? Hast du nicht all die Ehejahre mehr oder weniger verzweifelt versucht, deine Frau zu verstehen? Warum soll's jetzt nicht mal anders herum sein?

Der dicke Ludwig Erhard hat als Kanzler zweierlei geschafft. Er hat uns das Wirtschaftswunder gebracht – und er hat uns das Selbstwertgefühl zurückgegeben. »Wir sind wieder wer«, hieß es damals halb stolz, halb selbstironisch. Du bist jetzt auch wieder wer. Als Mann, als Mensch. Nur dir selbst verantwortlich. Ausgerüstet mit einer stattlichen Portion Egoismus – was nicht mit Egozentrik verwechselt werden darf. Nur dein persönliches Wirtschaftswunder wird wohl nicht stattfinden.
Klar, daß die Frauen mit diesem neuen Typ Mann ein paar Schwierigkeiten haben. Es ist ja auch ein Unding. Der Kerl hat einfach seine Zipfelmütze abgesetzt und scheint nicht mehr bereit zu sein, weiterhin den Trottel der Nation zu spielen. Das macht sie nervös. Und wenn sie sich ernsthaft damit beschäftigen, wird's manchmal sogar lustig.
Ich lese BILD und den PLAYBOY, den SPIEGEL und die FAZ. FÜR SIE und FREUNDIN und COSMOPOLITAN interessieren mich nicht so sehr, bin ja auch nicht die Zielgruppe. Aber heute habe ich mir die BRIGITTE gekauft. Nicht wegen des Titelmädchens. Das grinst blöd und trägt Schlips, beides mag ich bei Frauen nicht. Auch nicht wegen der »femininen Kostüme« oder der »tollen Pullis«, die mir auf dem Titelblatt versprochen werden, und schon gar nicht wegen der »Cocktails zu Hause – einer besser als der andere«: Wenn's zum Chivas nicht reicht, trinke ich ordinären Korn, aber bestimmt keine Cocktails. Nein – eine andere Titelzeile hat mich neugierig gemacht.

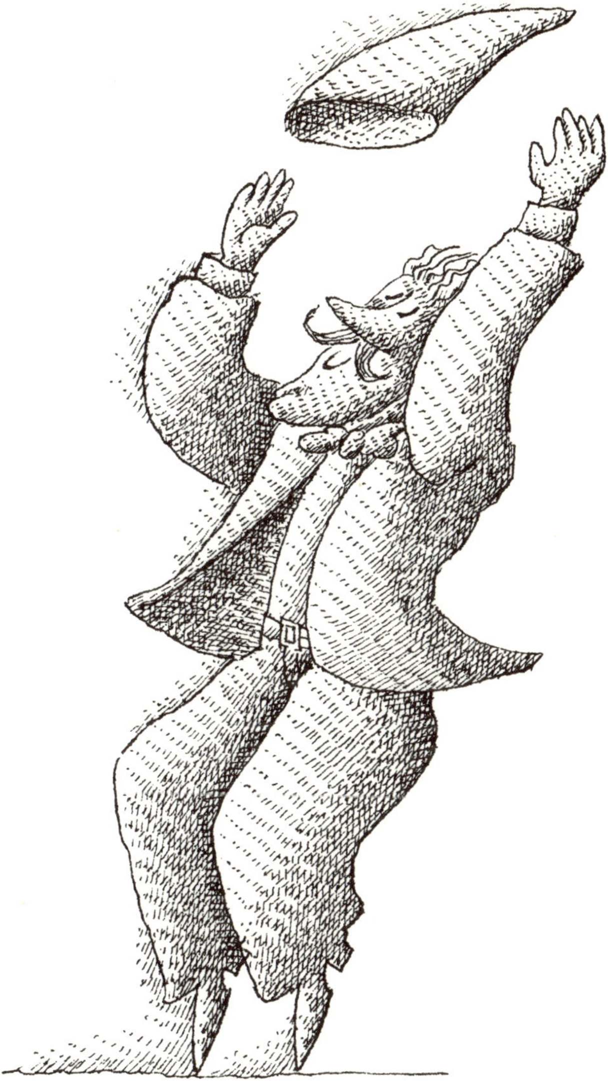

Sie heißt: »Männer, die allein leben: Ihre Träume, ihre Macken.«
Potz Blitz, dachte ich mir, hier geht's um dich. Mit drei Mark war ich dabei und fand den Artikel im Inhaltsverzeichnis unter der Rubrik »Aktuelles«, dicht unter einem Bericht über Multiple Sklerose-Kranke. Das hätte mir zu denken geben sollen. Eine Dame namens Duhm-Heitzmann habe sich auf den Weg gemacht, so erfahre ich auf Seite 66, dem Phänomen der »männlichen Singles« nachzuspüren, und – oha – es geht gleich gut los: »Wir bringen«, lese ich erstaunt, »manche Frau zum Seufzen ob unserer sinnlosen Vergeudung.«
Liebe Frau Duhm, geborene Heitzmann, oder umgekehrt, so möchte ich antworten, ihr hättet uns nur nicht so schlecht behandeln sollen, dann bräuchtet ihr jetzt auch nicht zu seufzen! Frau Heitzmann, geborene Duhm, beäugt uns wie seltene Reptilien im Käfig. »Einzelwesen, die sich abzusondern scheinen von der Gesellschaft«, so nennt sie uns. Empört stellt sie ferner fest, daß wir ein »undurchsichtiges Leben führen« und schreckt sogar vor dem Klischee »einsame Wölfe« nicht zurück.
Wie spürt man so einen einsamen Wolf im Großstadt-Dschungel auf? Frau Duhm weiß es. Ihre Putzfrau hat ihr einen empfohlen, schreibt sie ganz rührend naiv, einen weiteren habe sie »im Taxi angesprochen«. Begierig lese ich weiter. Und stelle fest, daß die einsamen Wölfe der Frau Duhm allesamt einen Dachschaden haben. Der eine hat 'ne große

Wohnung. Nach der Trennung von seiner Frau zog er in die Besenkammer (da hat ihn wahrscheinlich die Putzfrau aufgespürt). »Ich brauchte eine schützende Höhle«, bekennt er frei und erinnert sich mit Grausen, daß er erst nach einem Jahr wieder aus der Kammer schlich.

Frau Duhm-Heitzmann kombiniert. Das komme daher, weil wir Männer uns dem »Scheitern unserer Träume, dem Schmerz und uns selbst gestellt« hätten. Na gut. Ein bißchen Theatralik verzeihen wir der Frau Heitzmann. Aber jetzt heizt sie erst richtig ein, aufgepaßt: Auch Wolf Nummer zwei ist nicht ganz frisch im Kopf. Monatelang, so beichtet er auf Frau Duhms Psycho-Couch, habe er nur über seine Trennung reden können, bis ihm endlich mal einer sagte: »Ich kann's nicht mehr hören, und meine Frau auch nicht.« Da hörte er damit auf.

Der dritte Wolf ist offenbar praktisch begabt. Er hat sich »sein Atelier so eingerichtet, daß es sich selber saubermacht« (wie, bitte, geht das?). Der vierte trauert. »Was ist das schon, wenn ich in der Kneipe eine Frau kennenlerne?«, fragt er düster, und Frau Duhm, die so was offenbar kennt, antwortet mit Grabesstimme: »Ein schales Gefühl am Morgen.«

Nun weiß ich nicht, wie Frau Duhm in der Früh' aussieht, aber das halte ich dann doch für eine unzulässige Verallgemeinerung.

Das Telefon, so recherchierte sie weiter, ist für uns männliche Singles wichtiger als der Rasierapparat. »Das wichtigste Mittel, Anfälle von Einsamkeit, von

Trauer, von mieser Stimmung zu bekämpfen.« Da lacht Schwarz-Schilling.
Und schon trifft sie wieder einen, der total bescheuert ist: Er telefoniert immer nur mit vollem Mund – ein »leicht schrulliger Mechanismus«, gibt er schamhaft zu.
Und so geht's weiter in Frau Duhms Horror-Kabinett. »Es sind völlig neue Formen der Partnerschaft möglich«, orakelt einer und faßt das Alleinleben trübsinnig zusammen: »Ein hartes Geschäft.«
Man könnte schwermütig werden. Aber das Tollste ist die Überschrift zu diesem gedruckten Schwachsinn. Sie heißt: »Eigentlich suchen alle wieder eine Frau«.
»Siehst du, Paul«, sagt Mutti abends beim Fernsehen, zieht sich 'ne Salzstange rein und blättert zufrieden weiter, »ohne uns Frauen seid ihr Männer ganz schön aufgeschmissen«.
Paul grunzt und guckt, was sie da liest. BRIGITTE. Ach so. Rezepte und Strickmuster und so. Ist ja harmlos. Nee, Paul. Ist gar nicht harmlos. Deine Frau hat drei Mark von deinem schwerverdienten Geld dafür ausgegeben, daß sie verarscht wird. Und sie glaubt's auch noch. »Wenn er sich mal von mir trennt, dann wird er schon sehen, was er davon hat.«
Sie sieht dich vor ihrem geistigen Auge, lieber Paul: wie du in der Besenkammer hockst, mit vollem Mund stumpfsinnig vor dich hin telefonierend, trübsinnig bis ins Herz, und draußen vor der Besenkammertür, da starrt die Wohnung vor Dreck. Denn das

selbstreinigende Atelier, das gibt's ja nur in der BRIGITTE und nicht in Wirklichkeit. »So sind die Männer nun mal«, denkt sich die Leserin (soll sie's vielleicht denken?), »zu vielem nutze, aber alleine völlig hilflos. Na, wie schön.«
Schlagen wir mal das Impressum auf, um nachzusehen, was die Autorin bei der BRIGITTE macht. Ist sie vielleicht Chefreporterin und darf sich ihren Unsinn selber stricken? Sie steht gar nicht drin. Na, wird wohl seinen Grund haben.

Vom Umgang mit Ex-Schwiegermüttern

Als Reagan im April '86 Tripolis bombardierte, nahm er den Tod von unschuldigen Zivilisten, von Frauen und Kindern »billigend in Kauf«, wie Juristen so was nennen. Man kann den Standpunkt vertreten, daß es sich hierbei um Mord handelte. Man kann auch argumentieren, daß Reagan gar nicht anders konnte und daß Gaddafi allein die Schuld am Tod seiner Landsleute trägt.

Kann gut sein, daß du nach deinem Auszug von zu Hause in eine ähnliche Zwickmühle kommst. Du bist Reagan, deine Frau ist Gaddafi, und deine Schwiegermutter ist der Zivilist, kapiert? Sie muß ja nicht gleich sterben. Aber sie wird entsetzlich drunter leiden, daß du ausgezogen bist. Da entgegen allen Ammenmärchen die meisten Männer, die ich kenne, zu ihrer Schwiegermutter ein erstklassiges Verhältnis haben, wird dir das vermutlich sehr leid tun. Widmen wir der ergrauten alten Dame also einige Minuten Zeit.

Ich kenne zwei Sorten Schwiegermütter. Die einen halten stur zu ihrer Tochter. Die anderen halten stur zu ihrem Schwiegersohn. Man sollte meinen, die erste Sorte sei häufiger. Ist aber nicht so. Die Omis beäugen die gnadenlose Emanzipation und die völlig überzogene Selbsteinschätzung unserer Frauen mit Mißmut und Argwohn. Ganz typisch ist folgende Einstellung, die ich neulich anläßlich einer U-Bahnfahrt mithören konnte:

»Wie lange das noch gutgeht, weiß ich auch nicht. Die behandelt ihn vielleicht, also wissen Sie, mir fehlen da die Worte. Der muß springen, ich staune immer nur. Hat sie kein Bier mehr, holt er ihr eins, schreit das Kind, geht er rauf ins Kinderzimmer, und sagt er was, fährt sie ihm über den Mund. Ich bitte Sie – welcher Mann läßt sich das denn gefallen? Ich hab' auf sie eingeredet, aber Sie wissen ja, wie die jungen Leute sind: Die lassen sich ja nichts sagen. Du bist halt von gestern, Mutti, hat sie gesagt. Also, mich würde nicht wundern, wenn er bald alles hinschmeißt, und dann ist sie geschieden, und was wird dann?«

Es war eine schlichte Frau aus dem Volk, die da sprach. Ihre Worte tropften wie Honig in mein Herz. Ich hätte sie umarmen mögen, aber leider mußte ich aussteigen. Gott schütze sie.

Tja, was wird dann. Ich weiß es auch nicht. Zunächst aber stelle ich fest: Zwischen uns Männern und unseren Schwiegermüttern gibt es eine neue, bisher noch nie dagewesene Solidarität gegen die Generation unserer Ehefrauen. Wir Männer haben den Trend der neuen Partnerschaft so lange mitgemacht, bis unsere Partnerinnen überzogen. Seitdem hätten wir sie gern wieder ein bißchen so wie früher, als die Frauen nicht mal wußten, wie man Emanzipation schreibt. Unsere

Schwiegermütter kommen von der anderen Seite her. Sie haben ihren Männern gedient. Später haben sie dann gelernt, daß das nicht sein muß und daß sie auch als Frau vollwertige Menschen sind. Aber sie haben nie übertrieben. Sie haben nie überzogen. Sie haben nie ihre Rolle als Frau ausgezockt und kämen gar nicht auf die Idee, das schlichte Weltbild unserer Frauen zu übernehmen: Du Mann – du doof.

Nein, so blöd sind unsere Schwiegermütter nicht. Sie haben ihre Männer im Griff, sicher, aber so, daß die es nicht merken. Mein Gott, was wären wir modernen Männer happy, wenn wir solche Frauen hätten (vielleicht ein wenig jünger?). Wir könnten unseren Job machen, wir hätten zu Hause was zu sagen, und wir wüßten genau, daß »sie« sowieso macht, was sie will. Wäre ja okay.

Zurück zu dir (Reagan) und deiner Schwiegermutter (Zivilist). Nach deinem Auszug wirst du mit ihr telefonieren, und sie wird weinend in die Muschel stammeln, und es bricht dir das Herz: »Junge – mußte das denn sein? Was soll denn nun werden?«

Die Schande. Man darf das nicht unterschätzen. Sieh mal, die alte Dame hat sich all die Jahre ja auch mit dir geschmückt, sofern es bei dir was zu schmücken gab. Mein Schwiegersohn hat ja nun grad die Filiale übernommen, oder mein Schwiegersohn kriegt einen Mercedes als Dienstwagen, oder mein Schwiegersohn wird auch bald Schichtführer – irgendwas wird's bei dir ja geben, womit man ein wenig angeben kann.

Ich meine »angeben« nicht so negativ, wie es klingt. Was hat diese Generation von alten Damen denn groß vorzuweisen? Sie haben ihr Leben zu Hause verbracht, den Haushalt gemacht und die Kinder großgezogen. Sie haben nach dem Krieg mit angepackt und ihren Männern bestenfalls geholfen, Karriere zu machen. Jetzt sind sie alt. Das schönste in ihrem Leben waren die Kinder, die Ehen sind ja mei-

stens nicht so sensationell verlaufen. Also reden sie miteinander über die Kinder.
Da messen sie sich. Da leben sie noch mal auf. Ich kenne so eine kleine verschworene Gemeinschaft von Schwiegermüttern in Baden-Baden, drei oder vier Frauen, die reden fast nur noch vom Krieg und von den Kindern. Inzwischen sind Enkelkinder da, und das erweitert die wöchentliche Debatte.
Die eine heißt, glaube ich, Erna. Sie war gut dran, ihre Tochter hatte Medizin studiert, und der Schwiegersohn war Hauptkommissar. Das war bei jedem Kaffeekränzchen Gesprächsthema, und sie spreizte sich wie ein Gockel, wenn sie von seinen tollen Fällen erzählen durfte. Ihr eigenes Leben war ja begrenzt. Da war die Rente, der Mann war Arbeiter, was will man da erzählen. Aber die Kinder. Examen der Tochter, Karriere des Schwiegersohns. So manche Tasse Kaffee wurde darauf geleert.
Dann kam irgendein Staatsanwalt, der von der Tragweite seiner Ermittlungen gar nichts wußte, auf die Idee, dem Treiben des jungen Kommissars mal nachzugehen. Und siehe da, er kassierte von der Unterwelt. Fast gleichzeitig mit dieser Entdeckung drehte der junge Polizist auch nervlich durch – es war wohl alles zuviel für ihn. Nun war der Schwiegersohn plötzlich ein Anti-Typ. Erstens kriminell, zweitens in der Nervenklinik, und die Scheidung lief auch.
Wie das nächste Kaffeekränzchen verlief, kannst du dir denken. Die Realität war: Das Kaffeekränzchen gab's nicht mehr, die Dame zog sich zurück, sie

ward einfach nicht mehr gesehen, und bis heute – die Sache ist ein halbes Jahr her – grüßt sie ihre Freundinnen nicht mal mehr auf der Straße, so sehr schämt sie sich.
Arme Erna. Ich weiß, daß man viel dagegen sagen kann. Was muß die alte Dame sich auch mit fremden Federn schmücken? Aber ehrlich, ich kann sie verstehen. Ich weine mit ihr.
Hast du 'ne Schwiegermutter, die nach der Trennung zur Tochter hält, dann gibt's kaum Probleme. Du brichst den Kontakt ab, hoffst, daß sie den Kindern eine gute Oma bleibt, und Ende. Schwierig wird es, wenn – wie vorhin beschrieben – die alte Dame den Fall durchschaut, also über deine Frau nur den Kopf schüttelt. In diesem Fall ist männliches Zartgefühl notwendig. (Wieso ist das ein Widerspruch in sich? Ich glaube sogar, daß wir Männer viel sensibler als Frauen sind. Vorausgesetzt, man trampelt nicht dauernd auf uns rum.)
Brich den Kontakt zu ihr nicht ab. Sie ist dein Freund. Besuche sie. Sag weiterhin Mutti oder Oma zu ihr und mach ihr klar: Ich mag dich als Mensch. Für deine Tochter kannst du nichts. Verzichte andererseits auf langatmige Beschimpfungen deiner Ex-Frau. Es würde sie belasten, auch wenn sie's nicht zugibt, und dich wird es nicht weiterbringen. Du hast der alten Dame gegenüber die normale Verpflichtung des Sohnes. Mit etwas Geschick aber kannst du ihr ruhig ein paar interessante Neuigkeiten entlocken, das ist durchaus nicht unmoralisch – »Also, was deine Frau

jetzt für einen Freund hat, da mach' ich mir aber große Sorgen« – man hört es ja als Ex-Mann nicht ohne klammheimliche Freude.

Mag sein, daß deine Ex-Frau dir den Umgang mit Muttern madig zu machen versucht. Gesundheitliche Bedenken sind recht beliebt: »Das regt sie viel zu sehr auf.« Da rate ich zu großer Skepsis. Unsere Schwiegermütter sind zäh. Und mancher ist ein geschiedener Schwiegersohn viel lieber als gar kein Schwiegersohn.

Ex-Mann heißt nicht Ex-Vater

Vom größten Problem bei einer Trennung war hier überhaupt noch nicht die Rede. Seine Lösung hängt nämlich so sehr vom Einzelfall ab, daß es kaum allgemeingültige Ratschläge gibt. Ich meine die Kinder. Sicher ist: Jede Scheidung ist Kindesmißhandlung. Wenn die Eltern sich trennen, leiden die Kleinen. Mal mehr (wenn einer von den beiden sie als Waffe einsetzt), mal weniger (wenn beide vernünftig und cool sind). Leiden werden sie auf jeden Fall.

Ich darf wohl davon ausgehen, daß jeder meiner Leser das weiß, bevor er sich von der Familie trennt. Und wenn dem einen oder anderen der Ton, in dem hier über Scheidungen geplaudert wird, ein bißchen zu locker vorkommen sollte: Ich gehe davon aus, dies zur Erklärung, daß jeder einzelne vernünftig genug ist, so lange an der Familie festzuhalten, wie es irgendwie geht. Dies Buch ist für das Stadium danach. Es wird keinen aus der Ehe raustreiben. Es will nur denjenigen ein wenig helfen, die schon raus sind, weil es einfach nicht mehr ging.

Das Leid, das du deinen Kindern zugefügt hast, als du zu Hause ausgezogen bist, kannst du nie wieder gutmachen. Du mußt mit diesem Schuldgefühl leben. Es gibt keine Ent-Schuldigung. »Ich hatte mir das natürlich vorher überlegt«, sagte mir ein Familienvater in Bremen, den ich bei den Recherchen zu diesem Buch über eine Zeitungsanzeige kennengelernt hatte. Der Mann war ein Super-Vater. Sein Büro hing voller Kinderbilder, er wickelte wie der Chef-Ingenieur von Pampers, und seine Kinder hingen an ihm. Er ist trotzdem gegangen.

»Es gab zwei wesentliche Fakten, die ich gegeneinander abzuwägen hatte. Das eine war: In dieser Ehe würde ich für den Rest meines Lebens allenfalls zufrieden sein. Ich hätte auf das Recht verzichtet, glücklich zu sein. Alles trieb mich aus dieser Ehe hinaus. Die Vernunft, das Gefühl. Das andere Faktum war: Ich hatte Kinder in die Welt gesetzt, weil ich Kinder wollte. Ich wollte meinen Kindern Vater sein. Ich

hatte es getan. Und jetzt stelle ich fest, daß ich nicht länger ein vollwertiger Vater sein kann. Ich muß also abwägen. Verzichte ich auf mein ganz persönliches Glück, bis ich mit achtzig in die Kiste gehe – oder leiste ich mir mein Glück, weil ich ohne Glücksgefühl auch kein guter Vater sein kann?«
Der Mann hat sich für letzteres entschieden. Ich meine: Wenn einer soviel nachdenkt wie der, dann hat er richtig entschieden.
Ein anderer Vater sagte mir: »Ich bin mit meiner Frau schon seit drei Jahren nicht mehr glücklich. Ich habe vieles versucht, um die Ehe wieder hinzukriegen. Es geht nicht. Ich weiß heute, daß ich es nicht schaffen werde. Aber ich habe zwei Kinder. Die brauchen mich doch. Ich wollte die Kinder ja auch. Jedenfalls – ich bin für sie verantwortlich. Ich bleibe verheiratet wegen meiner Kinder. Auch wenn ich das richtige, das echte Glück vielleicht überhaupt nicht mehr kennenlernen werde.« Ich meine: Der Mann hat richtig entschieden.
Es gibt kein Rezept, das für alle gültig ist. Zwei Männer, zwei Geschichten, zwei Wahrheiten. Falsch ist mit Sicherheit: Die Kinder verlassen, wenn die Ehe noch eine winzige Chance hat. Die Kinder verlassen, ohne alles zur Eherettung versucht zu haben.
Ich kann andererseits keinem Mann raten, wegen der Kinder den eigenen Anspruch auf Glück für die nächsten fünfzig Jahre zu vergessen. Du kannst dir soviel Mühe geben, wie du willst, irgendwann wirst du's deine Kinder spüren lassen.

»Seit ich zu Hause ausgezogen bin, denke ich immer drüber nach«, sagte mir ein geschiedener Vater in Duisburg, »was ist nun eigentlich besser: ein Kind, das als Scheidungskind aufwächst – oder ein Kind, das nie geboren wurde?«
Ich sagte spontan: »Wenn die Mutter sich vernünftig verhält, lieber ein Scheidungskind als gar keins. Spielt die Mutter verrückt, lieber gar keins als ein Scheidungskind.« Aber unsere Generation wird erst in dreißig Jahren wissen, ob es gut war, Kinder in die Welt zu setzen.

Schluß mit Verstellung und Verklemmung!

Ich war einige Jahre bei einer der drei großen deutschen Illustrierten für die Bereiche Aktuelles, Serie und Ratgeber verantwortlich. Dazu gehörte auch ein Ressort, über dessen Arbeit die Leser mehr diskutierten als über die schlimmste Mordgeschichte und das ergreifendste Tierschicksal. Auch die Debatte über den deutschen Wald, die '83 begann und erst im Sommer '85 von der AIDS-Angst abgelöst wurde, kam da nicht mit. Ich meine das Ressort »Partnerberatung«.

»Fragen Sie Frau Irene« – seit den verschämten Sechzigern ist das ein geflügeltes Wort. Frau Irene ist wahrscheinlich längst tot, wenn sie jemals überhaupt existierte, aber wenn sie noch lebte – bei den Briefen, die zwischen '81 und '85 täglich säckeweise in meine Redaktion kamen, würde sie schamrot werden. Vermutlich hätte sie sich geweigert, auch nur einen davon zu beantworten. Ist diese Flut von sexuell gefärbten Problem-Briefen nun ein Zeichen für erotische Freiheit? Die Leser scheuen sich nicht, ihrer Lieblings-Illustrierten ganz private Partnerprobleme anzuvertrauen. Gutes – oder schlechtes Zeichen?

»Die Deutschen sind im letzten Jahrzehnt zweifellos ein wenig freier geworden«, sagte mir der gute alte

Oswalt Kolle neulich – übrigens ein prima Kerl, sensibel, nachdenklich, intelligent. »Nur, sie haben immer noch das alte Problem: das *Reden* über sexuelle Schwierigkeiten fällt ihnen fast genauso schwer wie früher.«
Daß wir heute ein bißchen freier sind als in den Fünfzigern, verdanken wir bekanntlich unter anderem auch Herrn Kolle. Wenn aber viele Männer heute noch nicht in der Lage sind, Sexprobleme innerhalb der Ehe auszudiskutieren und statt dessen an die Briefkastenonkel oder -tanten der großen Illustrierten schreiben müssen, dann – so behaupte ich – ist das ein schlimmes Zeichen für die Verstellung und die Verklemmung, die wie ein zäher, giftiger Fußpilz in den deutschen Ehebetten wohnen und die jeden Lakenwechsel überleben.
Nach monatelangen Recherchen zu diesem Buch und vielen hundert Gesprächen, deren gekritzelte Notizen meinen Wohnzimmerboden bedecken, kann ich behaupten: Es gibt in diesem unserem Lande mehr verklemmte Frauen als Männer. Und mehr Frauen als Männer spielen im Bett eine Rolle, die sie sich selbst anerzogen haben. Sie verstellen sich, aus was für Gründen auch immer. Jedenfalls nicht zum Nutzen ihrer Ehe.
Ich stütze diese These auf unzählige Zuschriften, die ich bekam, als ich kürzlich diese Kleinanzeige in vielen großen Tageszeitungen aufgab:

»Ehe gescheitert? Und man könnte ein Buch drüber schreiben? Journalist tut's gerade. Chiffre…«

Ich hatte offenbar den richtigen Ton getroffen. Die Leute schrieben säckeweise. Mit den meisten telefonierte ich, viele lernte ich persönlich kennen. Jeder hatte seine eigene, unverwechselbare Geschichte. Und doch zog sich eins durch alle Gespräche hindurch: In der Ehe wurde zuviel unter den Teppich gekehrt:

- »Mit meiner Frau kann ich nicht drüber reden.«
- »Es gab immer gleich Streit, wenn ich mal davon anfing.«
- »Wie soll ich meiner Frau denn sagen, was ich im Bett gern hätte, wenn sie immer gleich abblockt?«
- »Ich wollte nur mal ein bißchen frischen Wind ins Sexualleben bringen, aber sie fing immer gleich an zu weinen und meinte: Du liebst mich nicht mehr, du hast eine andere.«
- »Licht aus und ja nichts Neues ausprobieren. So war das mit meiner Frau. Mir war es nicht genug.«
- »Meine Frau ist eben sehr altmodisch erzogen worden und kann nicht aus ihrer Haut.«

Es kristallisierte sich folgendes Bild heraus. Viele Männer würden gern – auch wenn sie nicht immer ganz glücklich sind – in der Ehe bleiben und Probleme in der Ehe lösen. Okay, sie sind keine Psychologen und packen es auch oft falsch an. Aber scheitern tun sie letztlich nicht am falschen Ton. Sondern an der mangelnden Bereitschaft ihrer Frauen, ein bißchen auf sie einzugehen. Damit ist jetzt, wo du aus der Ehe raus bist, ein für allemal Schluß. Du mußt dir das ganz klar machen: Die Chance, die du jetzt hast, kriegst du nie wieder. Fang deine nächste Partnerschaft besser an. Da kommt nichts unter den Teppich. Da wird geredet. Da sagst du, was du gern hättest und was du gern anders hättest. Und wetten: Deine neue Flamme wird's toll finden. »Das ist so schön bei uns, daß wir über alles reden können«, wird sie sagen. »Mit meinem letzten Freund konnte ich über so was überhaupt nicht reden.«

Pervers ist nur folgendes: Deine Ex-Frau wird sich irgendwann trösten und einen neuen Macker haben. Und weißt du, was sie ihm sagen wird? »Das ist so schön, daß wir über alles reden können – mit meinem Mann konnte ich überhaupt nicht...« (usw.)

Der Casus knackus ist: Sie konnte *in der Ehe* nicht reden. Weil sie nie auf die Idee gekommen wäre, so ein Gespräch mal selbst anzufangen. Natürlich hätte sie mit dir reden können. Sie hat's nur nicht getan. Daß sie jetzt einen hat, der von sich aus damit anfing, ist schön für sie, aber irgendwie auch traurig. Da reden die Frauen so furchtbar viel von Emanzipation und Selbstbefreiung – und ehrlich sind sie nicht mal im Ehebett. Nee, da muß erst ein Kerl kommen, der die Sachen beim Namen nennt. Dann sind sie glücklich.

Dabei weiß ich natürlich, daß man so was nicht verallgemeinern darf. Ganz klar, daß es oft auch andersrum ist. Alles, was ich behaupte, ist: In einem Großteil deutscher Ehen läuft es so, wie eben beschrieben. Und der Teil ist einfach zu groß.

Mach's besser. Fang eine neue Partnerschaft an und paß gleich von Anfang an auf, daß deine eigenen Bedürfnisse nicht zu kurz kommen. Heirate meinetwegen auch ein zweitesmal – zu neuen Konditionen. Statistisch gesehen hast du zwar den Prozentsatz der gescheiterten Ehen erhöht – aber auch den Prozentsatz der glücklichen Ehen. Nichts unter den Teppich kehren, Probleme auf den Tisch, eigene Ansprüche anmelden. Das ist natürlich nur ein Teil der Sachen, die du beim zweitenmal besser als beim erstenmal machen wirst. Wenn du nicht total vertrottelt bist, wirst du zum Beispiel die Frage des *Ehevertrages* in der zweiten Ehe wenigstens sorgfältig prüfen. Aber erstmal gibt's jetzt einen juristischen Schnellkurs in Sachen Familienrecht, damit du aus deiner ersten Ehe einigermaßen heil rauskommst.

Kurzlehrgang im Familienrecht

Die meisten Leute glauben, daß das Scheidungsrecht ein Gesetz für sich ist, so wie das Strafrecht oder das Beamtenrecht. Weit gefehlt. Erstens heißt es nicht Scheidungsrecht, sondern Familienrecht. Zweitens ist es kein Extra-Gesetz, sondern ein winziger Teil vom Bürgerlichen Gesetzbuch (BGB). Das wurde im Jahr 1900 geschrieben, seitdem aber reichlich aufgefrischt. Die letzte Änderung trat am 1. April '86 in Kraft – die nächste kommt bestimmt.

Das vierte Kapitel – zwischen Sachenrecht und Erbrecht – ist der Familie und ihrer Auflösung gewidmet. Es geht gleich gut los: »Aus einem Verlöbnis kann nicht auf Eingehung der Ehe geklagt werden.« Was ja wohl auch noch schöner wäre.

Drei Paragraphen später kommt dann die Sache mit dem Kranzgeld (die beiden pennen zusammen, dann ist Schluß, bevor's zum Standesamt geht, und nun will sie Kohle). Aber das meiste, was dann kommt, verstehen sowieso nur noch Juristen.

Wer sich scheiden lassen will, kann sich die Kosten fürs Gesetzbuch (fest gebunden 18,80 Mark) sparen. Das wichtigste wird hier einigermaßen deutlich erklärt. Und Sätze wie den folgenden kapiert man ohnehin nicht: »Haben die Ehegatten den gesetzlichen

Güterstand ausgeschlossen oder geändert, so können sie hieraus einem Dritten gegenüber Einwendungen gegen ein Rechtsgeschäft, das zwischen einem von ihnen und dem Dritten vorgenommen worden ist, nur herleiten, wenn der Ehevertrag im Güterrechtsregister des zuständigen Amtsgerichts eingetragen oder dem Dritten bekannt war, als das Rechtsgeschäft vorgenommen wurde; Einwendungen gegen ein rechtskräfiges Urteil, das zwischen einem der Ehegatten und dem Dritten ergangen ist, sind nur zulässig, wenn der Ehevertrag eingetragen oder dem Dritten bekannt war, als der Rechtsstreit anhängig wurde.«
Das war ein einziger Satz. Wie soll man denn zu Politikern Vertrauen haben, die ihre Gesetze ganz offenkundig mit Absicht unleserlich machen? Bürgerliches Gesetzbuch? Für die Bürger ist es jedenfalls nicht geschrieben. Übersetzen wir die wichtigsten Paragraphen mal ins Deutsche:

Wann kann ich eigentlich geschieden werden?
Zunächst mußt du ein Jahr lang von deiner Frau getrennt leben. Vorher geht im Regelfall überhaupt nichts, über die Ausnahmen reden wir noch.

Wann reiche ich die Scheidung ein?
Am besten gegen Ende des Trennungsjahres, wenn du also ungefähr ein Jahr alleine gelebt hast. Dann kannst du mit Glück nach weiteren sechs Monaten geschieden werden.

Muß meine Frau mit der Scheidung einverstanden sein?
Normalerweise nicht. Sie kann es konstant ablehnen. Du kannst dich trotzdem scheiden lassen – nur dauert die Sache dann nicht ein, sondern drei Jahre. Seit 1. 4. '86 gilt: Wenn deine Frau die Scheidung buchstäblich nicht überleben würde (z. B., weil sie schwer krebskrank ist), kann der Richter sie ausnahmsweise auch ganz verweigern.

Ich lebe schon eine Weile getrennt – und habe jetzt mal wieder mit meiner Frau geschlafen. Geht danach das Trennungsjahr von vorne los?
Nein. Da sind die Gesetzgeber ganz praxisnah und vernünftig: »Ein Zusammenleben über kürzere Zeit, das der Versöhnung der Ehegatten dienen soll, unterbricht die... Fristen nicht«, heißt es in §1567.

Was darf ich mitnehmen, wenn ich zu Hause ausziehe?
Meistens stellt sich das Problem gar nicht, weil deine neue Wohnung viel zu klein ist, um viel reinzustellen. Die Teilung des Hausstandes ist – davon mal abgesehen – eines der schwierigsten Kapitel im Familienrecht. Zunächst ein paar Faustregeln. Erstens gilt: Was du in die Ehe mit hineingebracht hast, darfst du auch wieder mit herausnehmen. Wenn du deine schicke Stereoanlage also schon als Junggeselle hattest, wird sie auch deine neue Wohnung nach der Trennung zieren. Und das zwölfteilige Service, das

deine Frau zur Aussteuer kriegte, bleibt bei ihr. Den Rest, also alles, was ihr gemeinsam gekauft habt – auch wenn du Alleinverdiener warst – müßte man theoretisch teilen. Entweder friedlich, oder mit Anwälten, oder sogar mit Hilfe des Richters. Ich würde von so einer gewaltsamen Teilung dringend abraten. Wenn ihr Kinder habt, ist jedes Stück, das du aus der Wohnung schleppst, auch für die Kleinen schlimm.

Sie verlieren den Vater – wenigstens den Rest sollten sie behalten dürfen. Nicht aus materiellen Gründen, sondern einfach, weil sie dran gewöhnt sind.
Zweitens: Wenn du den ganzen Hausstand beim Anwalt auch nur erwähnst, wird deine Scheidung verdammt schnell sehr, sehr teuer. Das rechnet sich so: Der Anwalt fragt, was du denn gern von zu Hause mitnehmen möchtest. Du antwortest wahrheitsge-

mäß: »Also den altdeutschen Schrank und die Stereoanlage hätte ich gern, außerdem dreimal Bettwäsche, das halbe Service und meinen schönen Schreibtisch.«
Er verspricht, sich drum zu kümmern. Und schon ist der Hausstand in seinem vollen Wert (!) Gegenstand der anwaltlichen Bemühung, die von dir bezahlt wird. Wenn also zum Beispiel alles, was in deiner Wohnung steht, einen Wert von, sagen wir, 40000 Mark hat und der Anwalt mit dir drüber redet und deiner Frau einen bösen Brief wegen all der Dinge schreibt, die du gern hättest, und wenn er dann auch noch mit ihr drüber verhandelt, dann kassiert er zusätzliche Gebühren vom vollen Wert des Hausstandes, also von den 40000 Mark. Das kann die Sache locker um 1000 bis 2000 Mark verteuern.
Mein Rat deshalb: Weigere dich beim Anwalt, über Möbel und den ganzen Hausstand überhaupt zu reden. Sag ihm: Das ist alles klar, da haben wir uns geeinigt. Auch wenn du auf einiges verzichten mußt. Du hast inzwischen schon gelernt, daß du rund drei Mille cash brauchst, um zu Hause auszuziehen. Das reicht zur Not auch für einen neuen Schreibtisch. Und altdeutsch ist sowieso out.
Kompliziert wird die Sache, wenn du ein hübsches Sparkonto mit in die Ehe gebracht hast und deine Frau vielleicht auch ein kleines. So war das bei meinem Freund Wilfried. Wir nehmen ihn mal als Beispiel, um das Bandwurm-Wort »Zugewinnausgleich« zu erklären – darum geht's jetzt nämlich.

Wir tun mal so, als wären Wilfried und seine hübsche Frau Beate zwei kleine Firmen, die am Tag der Hochzeit zu einer großen Firma wurden. Beide haben natürlich irgendwas mit in die Ehe hineingebracht – ein bestimmtes Vermögen oder eine bestimmte Summe Schulden. Wilfried besaß 10000 Mark in bar und ein Auto, das auch 10000 Mark wert war. Beate hatte Möbel im Wert von 5000 Mark, aber kein Bargeld. Nach sieben Jahren kam die erste große Krise, die auch ihre letzte war. Sie ließen sich scheiden. Wilfried hatte sich inzwischen selbständig gemacht. Sein Laden hatte, weil er pfiffig ist, einen Wert von 50000 Mark. Beate hatte auf ihrem Sparkonto gar nichts mehr, weil sie ein paar Mal ohne ihn in Urlaub gefahren war.

Noch einmal. Die Firma Wilfried fing mit 20000 Mark an (Bargeld + Auto), die Firma Beate fing mit 5000 Mark an. Wilfried hörte mit 50000 Mark auf, Beate mit Null. Jetzt rechnen wir den Zugewinn aus. Ganz einfach – bei Wilfried Endvermögen (50000 Mark) minus Anfangsvermögen (20000 Mark), macht 30000 Mark. Bei Beate Endvermögen (Null) minus Anfangsvermögen (5000 Mark) ergibt – halt: Das Endvermögen kann nach dem Gesetz nicht geringer als Null sein. Die 5000 Mark, die Beate mal hatte, werden hier also nicht mitberechnet. Sie bekommt trotzdem was, nämlich genau die Hälfte des Zugewinns, den Wilfried gemacht hat. Wir erinnern uns, das waren insgesamt 30000 Mark. Bei der Scheidung wurde Wilfried deshalb verurteilt, ihr

15 000 Mark davon abzugeben. Und das war der »Zugewinnausgleich«. Seit April '86 kann die Zahlung aber zunächst mal ausgesetzt werden, wenn zum Beispiel die Firma des einen Ehepartners dadurch pleite gehen würde.

Wir haben in der Ehe gemeinsame Schulden gemacht. Was wird nun damit?

Die interessieren den Familienrichter im Prinzip überhaupt nicht. Es ist aber vernünftig, die Frage gleich im Scheidungsverfahren mitzuklären. Wenn's geht, so: Die beiden Eheleute einigen sich und sagen dem Richter, das machen wir soundso, alles klar? Der Richter nickt und schreibt es auf. Das hat dann genauso Gültigkeit, wie wenn man einen richtigen Vertrag geschlossen hätte. Kannst du dich mit deiner Frau nicht einigen, mußt du – wie gesagt, wir sprechen von gemeinsam gemachten Schulden – sie leider verklagen, sofern du was von ihr haben willst. Das hat aber mit dem eigentlichen Scheidungsverfahren nichts zu tun.

In der Regel sieht eine gütliche Einigung so aus, daß du die Raten weiterhin an die Bank zahlst und dafür ein wenig vom Unterhalt deiner Frau einbehältst. Oft liegt der Fall aber so, daß zwei Haushalte und die Kreditraten einfach nicht mehr drin sind, selbst wenn sie geteilt werden. Denn es ist ja ganz klar, daß zwei Haushalte mehr kosten als einer. In diesem Fall mußt du nachts Taxi fahren oder das Auto verkaufen, oder du bleibst verheiratet, oder du erschießt dich.

Wer kriegt die Kinder?

Schon die Fragestellung setzt voraus, daß ihr beiden euch darüber nicht einig seid. Das wäre schlimm und ist vor Gericht auch die Ausnahme. Die typische deutsche Scheidung sieht so aus: Er geht arbeiten, sie kriegt die Kinder. Das ist meistens von vornherein klar. Erste Möglichkeit also, die häufigste: Beide Partner sind sich darüber einig, wer die Kinder kriegen soll. Dann wird das Gericht in der Regel auch nichts anderes entscheiden.

Zweite Möglichkeit: Beide wollen die Kinder. Vielleicht ist der Mann freiberuflich und könnte sich nebenbei hervorragend um die Kinder kümmern. Dann ist der Richter in einer schwierigen Situation. Er muß nämlich versuchen, herauszukriegen, was für das Kind am besten wäre. Und das nennt man das »Kindeswohl«. Der Mann ist in einer schwierigen Lage. Gehen wir mal davon aus, daß beide Elternteile einen einigermaßen vernünftigen Eindruck machen – wie soll er dann entscheiden?

Er wird mit ein paar Hilfsmitteln arbeiten, die allerdings allesamt ziemlich umstritten sind. Erstens wird er versuchen, das Kind in seiner gewohnten Umgebung zu lassen. Wenn du also von zu Hause ausgezogen bist und deine Frau mit den Kindern die alte Wohnung behalten hat, dann hat sie schon mal allein deswegen größere Chancen, die Kinder zugesprochen zu kriegen. Zweitens wird er die Kinder, wenn sie schon was sagen können, selbst fragen. Das ist natürlich sehr heikel. Nun frag mal einen Fünfjährigen: Wo willst du denn in Zukunft leben, bei Papa oder bei Mama? Wenn er's schon sagen könnte, würde er natürlich für die Ehe und gegen die Scheidung plädieren und antworten: »Bei beiden«. Was den Richter auch nicht weiterbringt.

Trotzdem, die Familienrichter haben da in den letzten Jahren einiges an Feingefühl zugelernt. Das verdanken sie einem ihrer Kollegen, der beim Gericht in Bielefeld saß und Scheidungen machte. Er hatte selbst Kinder. Ihn störte schon lange, daß alle möglichen Leute sich über die Verteilung der Kinder Gedanken machten – nur die Kinder, die fragte keiner. Und so kam er auf die Idee, die Kinder mal zu Hause zu besuchen, um mit ihnen in ihrer gewohnten Umgebung zu plaudern. Danach konnte er viel besser urteilen. Was der Mann da in Bielefeld machte, sprach sich herum, Juristen nennen es das »Bielefelder Modell«. Kinder ab vierzehn werden auf jeden Fall vom Richter befragt, wo sie leben möchten. Außerdem spielt das Jugendamt eine wichtige Rolle. Da kommt einer, guckt sich die Wohnung deiner Frau und die deine an, spricht mit den Kindern und macht dem Richter dann einen Vorschlag. Der ist meistens verbindlich, sprich: Die Richter halten sich dran.

Der Bielefelder Richter ist übrigens keiner mehr. Er hat seinen Job geschmissen und leitet jetzt einen Verein, der sich um Scheidungsprobleme und die vielen tausend Scheidungskinder kümmert. Das ist ein Fulltime-Job.

Zurück zum Thema. Deine Chancen als Mann, die

Kinder zu kriegen, sind unterm Strich relativ gering – allein schon wegen der Notwendigkeit, arbeiten zu gehen. Punkte gewinnst du, wenn du zum Beispiel Zeugen dafür benennen kannst, daß deine Frau schon morgens trinkt oder den Haushalt verkommen läßt. Und wenn du vor der Trennung als Hausmann gearbeitet hast, und deine Frau arbeiten ging, und wenn deine Frau jetzt die Familie verlassen hat und mit einem anderen zusammenlebt – dann hast du sogar richtig gute Chancen. Aber das ist ja nun wirklich nicht die Regel.

Dritte Möglichkeit: Ihr habt zwei Kinder, und jeder will eins. Wenn ihr euch einig seid und das Jugendamt euren Wunsch unterstützt, gilt auch hier: Der Richter wird euch nicht widersprechen. Wenn keine Einigkeit besteht, wird der Richter in aller Regel so urteilen: Sind die Kinder noch klein, bleiben sie sowieso zusammen – sind die Kinder größer (meinetwegen 14 und 16), werden sie selbst befragt, und was sie dann wollen, hat vor Gericht auch Gewicht.

In jedem Fall muß dir klar sein, daß die gerichtliche Auseinandersetzung über die Frage, wer die Kinder bekommt, immer auf dem Rücken der Kinder ausgetragen wird. Das geht richtig in die schmutzige Wäsche. Da muß dann aktenkundig gemacht werden, wer wann welche Fehler gemacht hat, wann wieviel getrunken wurde, wann wieder mal die Wohnung verdreckt war und wann das Kind einen verstörten Eindruck machte. Irgendwie kriegen die Kinder das mit. Wenn sie vor Gericht gehört werden, sowieso.

Ich kenne deshalb einige Väter, die durchaus in der Lage und bereit waren, ihre Kinder zu erziehen – vielleicht wären sie sogar die besseren Mütter gewesen. Aber sie haben von vornherein verzichtet, weil sie die Auseinandersetzung nicht wollten. Das finde ich sehr, sehr nobel.

Wieviel Unterhalt muß ich zahlen?

Reden wir zunächst mal von dem Geld, das deine Kinder kriegen. Es gibt keinen einzigen Paragraphen, in dem das festgelegt wäre. Im Gesetz heißt es immer nur, daß der Unterhalt »angemessen« sein muß. Die Richter haben sich deshalb untereinander geeinigt, was sie den Kindern zusprechen. Am Oberlandesgericht in Düsseldorf hat sich dann mal jemand hingesetzt und aus den gängigen Werten eine Tabelle gemacht. Die heißt »Düsseldorfer Tabelle« und wird von fast allen Richtern ohne große Rechnerei angewandt. Die wollen nur wissen: Was verdienen Sie netto? Dann gucken sie in ihre Liste und setzen den Kindesunterhalt fest.

Ein paar Größenordnungen: Du verdienst bis 1850 Mark netto, und dein Kind ist unter sechs? Macht 228 Mark. Du verdienst 7000 Mark netto, und dein Kind ist 15? Macht 785 Mark. Den Wert, der genau auf dich zutrifft, sagt dir dein Anwalt, der hat die ganze Liste im Schreibtisch.

Als Mann hast du selbstverständlich ein Recht darauf, wenigstens einen kleinen Teil deines Einkommens selbst zu behalten. Hast du Arbeit, sind es in jedem

Fall 990 Mark, hast du keine, sind es 910 Mark. Also gerade genug, um nicht zu verhungern. Bleibt dir unterm Strich weniger als diese Summe, verringern sich auch deine Unterhaltszahlungen.

Hier ist immer die Rede vom Nettoeinkommen – wie berechnet der Richter das denn eigentlich?

Erstens nimmt er die Summe, die auf dem Lohnstreifen nach Abzug der Sozialabgaben und Steuern übrigbleibt. Dazu kommt alles, was mit deinem Job in Zusammenhang steht, also Ortszuschläge, Trinkgelder usw. Weihnachts- und Urlaubsgeld werden durch 12 geteilt und dazugezählt, ebenso die Überstundengelder. Sogar Spesen werden von den meisten Richtern dazugerechnet – es sei denn, sie dekken gerade die Ausgaben.

Du kannst dem Richter nun aber nicht einen Gehaltszettel präsentieren, der gerade mal ausgesprochen niedrig ausgefallen ist. Mindestens ein Jahr rückwärts wird gerechnet und daraus ein Durchschnittsverdienst ermittelt. Bei Selbständigen geht's sogar drei Jahre zurück, weil die bekanntlich mal viel, mal wenig verdienen.

Andererseits gibt's auch ein paar Dinge, die du von deinem Nettoeinkommen abziehen darfst, bevor daraus der Unterhalt errechnet wird. Grob vereinfacht gilt die Regel: Wenn du und deine Frau, wenn ihr also beide gemeinsam in der Ehe den Beschluß gefaßt habt, irgendwas anzuschaffen (z. B. eine Wohnung) und wenn ihre beide davon profitiert habt, dann kannst du die Belastungen dafür jetzt auch vom Nettoeinkommen abziehen, bevor der Unterhalt daraus berechnet wird. Der Teufel steckt im Detail, laß es dir von deinem Anwalt erklären. Deine Frau bekommt, sofern sie nicht arbeiten gehen kann, weil sie sich um die Kinder kümmern muß, ca. $^{3}/_{7}$ von deinem letztendlich berechneten Nettoeinkommen. Wenn die Kinder aber schon größer sind, muß sie selbst für ihren Unterhalt sorgen. Zumindest zum Teil. Das hängt nun sehr vom Einzelfall ab. Wenn sie damals, als die Kinder kamen, aufgehört hat zu arbeiten, dann muß sie sich jetzt, wo die Kinder groß sind und ihr auseinander seid, wieder Arbeit suchen. Findet sie aber keine und bietet ihr das Arbeitsamt eine Umschulung an, muß sie diese akzeptieren. Sonst verspielt sie unter Umständen ihren Unterhaltsanspruch gegen dich. Auch auf andere Weise kann sie den Anspruch verspielen – davon reden wir jetzt gleich.

Wird vor Gericht eigentlich noch schmutzige Wäsche gewaschen?

Sagen wir mal: Es kommt wieder vor. Die Gesetzgeber widersprechen sich da selbst. Der große Vorteil des neuen Scheidungsrechts von 1977 war doch, daß eben keine schmutzige Wäsche mehr gewaschen werden mußte. Zerrüttungsprinzip statt Schuldprinzip hieß die Formel, und das klang ganz vernünftig: Scheidung, weil die Ehe kaputt ist – und nicht, weil einer fremdgegangen ist.

Seit 1. April '86 ist das nun wieder ein bißchen anders. Wir Männer sollten uns aber nicht allzusehr darüber aufregen. Die Leidtragenden sind wir diesmal nämlich ausnahmsweise nicht.
Mein Nachbar Paul ist ein gutes Beispiel. Er verkauft gebrauchte Opel, sieht immer schnieke aus, trägt dunkle Zweireiher, ist nett und verdient auch ganz gut. Seine Frau hat ihn trotzdem verlassen. Mitsamt den beiden Kindern ist sie ausgezogen, weil sie sich in einen Mercedesfahrer verliebt hat. Der hat ein schickes Reihenhaus. Da wohnen sie jetzt zu viert.
Paul war sauer. Nicht nur, daß Frau und Kinder weg waren – »wenigstens in der Automarke hat sie sich ja verbessert«, scherzte er oft bitter –, er mußte auch Unterhalt in voller Höhe zahlen, »obwohl der Kerl fast doppelt so viel verdient wie ich«!
Das muß er nun nicht mehr. Seit April '86 gehen die Richter nämlich mit Recht davon aus, daß sie ihrem Freund den Haushalt führt. Paul müßte deshalb weniger bezahlen, vielleicht sogar gar nichts mehr. Wohlgemerkt: Es geht hier nur um den Unterhaltsanspruch seiner Ex-Frau – und nicht um den Kindesunterhalt. Der bleibt gleich.
Paul ist schon zwei Jahre geschieden. Er kann jetzt noch die Unterhaltshöhe vom Gericht runterschrauben lassen. Natürlich nicht rückwirkend, aber für die Zukunft. Wir Männer tragen allerdings die Beweislast. Das heißt, notfalls mußt du beweisen können, daß deine Frau bei einem anderen lebt, ihm den Haushalt führt und ihm die Wäsche wäscht. Und in

diesem Zusammenhang wird dann auch vor Gericht die schmutzige Wäsche gewaschen.
Der Lebenswandel deiner Frau spielt neuerdings sowieso wieder eine große Rolle. Wenn du also zu jenen unglücklichen Männern gehörst, deren Frauen das sauer verdiente Geld regelmäßig im Casino verzocken, dann wirst du jetzt ein bißchen getröstet – Spielleidenschaft kann den Unterhaltsanspruch reduzieren.
Gut ist die Neufassung des Gesetzes auch für die Frauen von Prügel-Männern, und das begrüße ich. Bisher mußte die Frau nämlich beweisen können, daß sie von ihrem Mann geschlagen wurde. Erst dann konnte sie beim Familienrichter beantragen, daß ihr Mann aus der Wohnung rausflog – und das war schwer genug. Jetzt reichen schon heftige Streitigkeiten aus, die zum Beispiel von den Kindern bezeugt werden.

Verzicht aufs Trennungsjahr – wann geht das?
Nur in ganz großen Ausnahmefällen. Zum Beispiel, wenn deine Frau versucht hat, dich umzubringen (oder umgekehrt natürlich). Dann wäre die Ehe für das Beinahe-Opfer unzumutbar, und die Scheidung kann sehr schnell ausgesprochen werden.

Ich habe keine eigene Wohnung, wir leben aber innerhalb unserer gemeinsamen Wohnung getrennt. Können wir trotzdem geschieden werden?
Ja. Das kommt sogar häufiger vor, als man glaubt.

Vielleicht verdienst du zu wenig, um dir eine eigene Wohnung zu nehmen, vielleicht bist du auch einfach zu bequem dazu. Es kommt jetzt sehr darauf an, ob du dir mit deiner Frau einig bist, daß ihr euch scheiden lassen wollt. Wenn ja, kein Problem. Ihr sagt dem Richter einfach, daß ihr schon ein Jahr lang getrennt schlaft, so gut wie gar nicht miteinander redet und nur zu unterschiedlichen Zeiten Bad und Küche benutzt.

In diesem Fall muß er euch scheiden. Wenn deine Frau aber gar nicht geschieden werden will, mußt du das Getrenntleben knallhart durchziehen, und das ist ein Nervenkrieg. Ich würde davon abraten, du gehst kaputt dabei. Außerdem kann sie hinterher vor Gericht immer noch behaupten, ihr hättet gar nicht getrennt gelebt. Zeugen sind ja im Schlafzimmer nur selten dabei.

Wie oft darf ich meine Kinder sehen?

Wir müssen da zwei Möglichkeiten unterscheiden. Die eine ist, du einigst dich mit deiner Frau. Die zweite: Der Richter muß entscheiden.

Die erste ist auf jeden Fall die bessere. Vielleicht läßt deine Frau dich die Kinder jedes Wochenende sehen, dann sei glücklich und halt den Mund. Vielleicht darfst du auch in der Woche mal ab und zu die Kinder zum Spazierengehen abholen, wenn du Frühschicht hast. Was Besseres kann dir – und den Kindern – gar nicht passieren. Es ist aber die Ausnahme. Meistens leidet die Ex-Frau schrecklich, wenn du in die alte Wohnung kommst und für ein paar Stunden alles wieder so ist wie früher. Wenn schon getrennt, dann richtig, sonst drehe ich durch – das ist ein typisch weiblicher Standpunkt, der in den meisten Scheidungen eine Rolle spielt.

Die optimale Lösung wirst du mit einiger statistischer Wahrscheinlichkeit also nicht erleben, obwohl sie für die Kinder die beste wäre. Denn für die Kleinen gilt – sofern du nicht gerade ein notorischer Trinker oder Schläger bist: Je öfter sie dich sehen, auch wenn es nur mal für eine Stunde ist, desto besser. Unter Kinderpsychologen gibt es darüber kaum Streit. Die Fälle, wo die Kinder jedesmal total fertig sind, wenn Papa mal wieder zu Haus war, sind die Minderheit. Vorausgegangen sind meistens sehr, sehr schlimme Eheszenen vor den Augen der Kinder, und so was hast du hoffentlich zu vermeiden gewußt.

Nein – das Problem sind nicht die Kinder, sondern meistens die psychische Situation der Ehefrau. Die wird einfach nicht damit fertig, daß du zwar einerseits die Ehe für beendet hältst und dich wie ein Single benimmst, andererseits aber immer dann die Kinder sehen willst, wenn es zeitlich möglich ist. Sie geht daran kaputt. Darum mußt du dich damit abfinden, daß du die Kinder in Zukunft nur noch zu festgesetzten Zeiten siehst.

Es hängt jetzt wiederum von deinem Verhältnis zur Ex-Frau ab, wie das abläuft. Schlimmstenfalls stehen die Kinder fertig angezogen vor der Haustür, wenn du sie abholen kommst, und pünktlich auf die Minute hast du sie wieder an derselben Haustür abzugeben. Darfst nicht mal mit rauf. Okay, du wirst es überleben und in der nächsten Kneipe erstmal ein Bier aufs Wohl deiner Frau trinken, aber für die Kinder ist so ein starres Besuchsrecht sehr schlimm. Noch einmal: Wohl denen, die sich mit ihrer Frau über das Besuchsrecht flexibel einigen können.

Wenn deine Frau die Kinder als Druckmittel einsetzt – wir hatten schon mehrere Beispiele dafür –, dann bleibt dir nur der Weg übers Gericht. In der Trennungszeit, also bevor die Sache im Rahmen des Scheidungsurteils entschieden wird, muß dein Anwalt dein Besuchsrecht zur Not mit einem Antrag auf einstweilige Verfügung durchsetzen. Im Scheidungsurteil wird das Besuchsrecht dann gleich mitgeregelt. Der Richter hat da einen ziemlich breiten Ermessensspielraum. Ein- oder zweimal im Monat für vier bis acht Stunden, das ist so die Regel. Dazu zwei bis drei Wochen Urlaub im Jahr, außerdem noch die jeweils zweiten Feiertage an Ostern, Pfingsten und Weihnachten – wenn du Glück hast.

Noch einmal: Wenn ihr euch einig seid, wird das Besuchsrecht vom Richter überhaupt nicht ins Urteil hineingeschrieben. Dann ist da allenfalls davon die Rede, daß es »großzügig gehandhabt werden soll«.

Wenn du deine Kinder nun abgeholt hast, kannst du mit ihnen ins Kino oder in den Zoo gehen. Du kannst sie auch mit zu dir nach Hause nehmen. Wenn da allerdings deine neue Freundin ist, wird die Sache kritisch. Das Oberlandesgericht Frankfurt hat zum Bei-

spiel 1979 entschieden, daß dies nicht zulässig ist – vor allem nicht in der Trennungszeit, also vor der Scheidung, und schon gar nicht, wenn die Freundin vielleicht nur eine auf Zeit ist. Ich würde da sehr vorsichtig sein. Oft ist es so, daß die Ex-Frau das Besuchsrecht sehr großzügig handhabt und dir praktisch alle Freiheiten einräumt. Wenn sie aber erfährt, daß deine neue Freundin mit den Kindern spielt, dann wird sie sauer und streicht dir das Besuchsrecht erstmal ganz. Sofern deine Frau also nicht zu der ausgesprochen toleranten Minderheit gehört, solltest du dich allein mit deinen Kindern beschäftigen. Ist ja auch ganz schön, wo du sie doch nur selten siehst. Ganz klar, daß du dich aus der Erziehung weitgehend raushalten mußt. Die ist jetzt Sache deiner Frau, und es wäre total verkehrt, die Kinder an den Besuchs-Sonntagen gegen ihre Mutter aufzuhetzen. Das darfst du auch nicht. Deine Frau könnte damit zum Gericht gehen und dein Besuchsrecht einschränken oder sogar für eine Zeit aufheben lassen.

Der Punkt ist knifflig. Die Versuchung ist sehr, sehr groß, die Kinder gegen deine Frau einzunehmen. Vielleicht willst du es am Anfang gar nicht. Theoretisch ist dir ganz klar, daß die Kinder darunter leiden würden. Sie haben euch ja beide lieb. Und selbst, wenn sie eure Trennung bisher einigermaßen verkraftet haben – daß einer gegen den anderen hetzt, werden sie nicht so leicht wegstecken.

Aber spätestens, wenn deine Frau die Kinder gegen dich aufwiegelt, mußt du dich verdammt zusammenreißen, um nicht mit gleicher Waffe zu kontern. Es ist ja ganz klar: Die Kinder sind die ganze Woche mit deiner Frau zusammen. Natürlich wollen sie wissen, warum du ausgezogen bist. Deine Frau ist innerlich voller Wut und Aggressivität. Wie reagiert sie also? Oft genug sehr schlimm: »Dein Papa hat uns nicht mehr lieb«; »eine andere Frau hat uns den Papa weggenommen« oder »Papa amüsiert sich lieber, als mit uns zusammen zu sein« – das sind Bemerkungen, die das Kind ins Herz treffen und meiner Meinung nach sehr viel mit Kindesmißhandlung zu tun haben. Mit straffreier, natürlich.

Nun holst du die Kinder samstags ab und hörst das Echo. »Warum hast du uns nicht mehr lieb?« Da fällt es schwer, die Nerven zu behalten und noch schwerer, die richtigen Antworten zu geben. Manche Männer haben überhaupt nichts gegen ihre Frauen, wenn sie zu Hause ausziehen – zu hassen beginnen sie sie erst, wenn die Kinder aufgehetzt werden.
Du mußt dich trotzdem bemühen, sachlich und psychologisch geschickt vorzugehen. Nicht nur wegen der Kinder. Auch, weil deine Frau das Besuchsrecht jederzeit einschränken oder ganz streichen lassen kann, wenn der Eindruck entsteht, daß du die Kinder negativ beeinflußt. Du bist in diesem Fall in der schwächeren Position – Besuchsrecht wird schneller gestrichen als Sorgerecht!
Die häufigsten Kinderfragen und die besten Antwortmodelle (mehr wollen sie nicht sein) stehen deshalb ganz bewußt in diesem (juristischen) Teil des Buches. Es sind nur grobe Empfehlungen. Jede Scheidung ist anders, jedes Kind ist anders. Aber es ist erstaunlich, wie sehr sich die einzelnen Punkte ähnelten, als ich eine Reihe Väter nach den Reaktionen ihrer Kinder auf die Trennung fragte. Irgendwie standen sie alle vor ein- und demselben Problem.
Bleiben wir bei der Situation von vorhin, fangen wir ganz simpel an. Mach dir bitte klar, daß Kinder zwischen fünf und neun mit relativ einfachen Antworten zufrieden sind. Bei den meisten Fragen reicht ihnen eine schlichte Auskunft, die zumindest im ersten Moment schlüssig klingt. Sie denken dann drüber nach

und kommen irgendwann mit der nächsten Frage, das kann Stunden oder Wochen dauern. Langwierige Erklärungen brauchen sie noch nicht. Die wichtigste Regel heißt deshalb – und sie gilt auch für ältere Kinder: Kotz dich nicht aus, halte keine langen Vorträge, sondern beantworte immer nur die soeben gestellte Frage. Mach es genauso, als wenn du dein Kind über Sex aufklären willst. Weiche keiner Frage aus. Sag nie, du hättest gerade keine Zeit oder »das geht dich nichts an«.
Zweite Regel: Notlügen sind nur erlaubt, wenn du sie vorher mit deiner Frau abgesprochen hast und sicher sein kannst, daß sie sich auch an die Absprache hält – was natürlich voraussetzt, daß sie überhaupt noch mit dir spricht.

»Papa, warum wohnst du nicht mehr zu Hause?«
FALSCH: »Mit deiner Mutter kann man einfach nicht zusammenleben, die macht mir das Leben zur Hölle, außerdem hab' ich 'ne andere.«
RICHTIG: »Hör mal zu. Du hast doch neulich mal Ärger mit deinem Freund gehabt, weißt du noch? Und was hast du gemacht? Eine ganze Weile wolltest du nicht mit ihm spielen! Siehst du – so ist das auch bei Mama und mir. Wir haben im Moment ein bißchen Ärger, und darum wohnen wir jetzt nicht zusammen.«
GRUNDSATZ: Simple Beispiele aus der Welt des Kindes wählen, um den »Ach so«-Effekt zu erzielen.

»Papa, warum hast du uns nicht mehr lieb?«
FALSCH: »Wer dir solchen Scheiß erzählt hat, kann ich mir schon denken. Na, die kann was erleben.«
RICHTIG: »Du, ich glaub', da hast du was falsch verstanden. Die Oma hat dich doch lieb, nicht? Siehst du – und die Oma wohnt auch nicht bei uns zu Hause. Genauso habe ich dich auch lieb, ob ich jetzt zu Hause wohne oder nicht.«
GRUNDSATZ: Die Trennung in einen normal klingenden Zusammenhang stellen, als wäre das alles gar nicht ungewöhnlich.

»Papa, ich möchte viel lieber immer bei dir wohnen.«
FALSCH: »Das kann ich verstehen, du armes Kind, mit deiner Mutter kann man es wirklich nicht aushalten.«
RICHTIG: »Ist ja auch kein Wunder. Wenn wir uns sehen, ist doch immer Sonntag, nicht? Und der Sonntag ist nun mal der schönste Tag in der Woche. Das soll auch so bleiben. Aber überleg mal: Immer Sonntag, das wäre für uns beide ziemlich langweilig. Ich find's eigentlich ganz gut, daß wir uns jetzt immer gemeinsam einen besonders schönen Tag machen können.«
GRUNDSATZ: Gefährlichen Diskussionen geschickt ausweichen und das Kind mit einem Bonbon (»immer Sonntag«) auf andere Gedanken bringen.

»Papa, die Mama hat mich ganz schlimm gehauen.«
FALSCH: »Ach, ich würde das nie tun. Heute abend

sag' ich ihr mal die Meinung, und wenn sie dich das nächste Mal haut, rufst du mich gleich an.«
RICHTIG: »Na, dann wird sie wohl einen Grund gehabt haben. Warst du denn wirklich ganz artig?«
GRUNDSATZ: Halt dich aus der Erziehung raus. Red mit deiner Frau, wenn sie plötzlich anfängt, die Kinder zu verprügeln – aber erst, wenn die Kleinen im Bett sind.

»Papa, wann kommst du wieder nach Hause?«
(Wir setzen jetzt mal voraus, daß du nicht nur auf Zeit getrennt lebst.)
FALSCH: »Vielleicht schon bald, ich weiß es noch nicht genau.«
RICHTIG: »Im Moment kann ich dazu überhaupt nichts sagen. Aber es kann gut sein, daß ich meine kleine Wohnung für sehr, sehr lange behalte.«
GRUNDSATZ: Mach deinem Kind niemals falsche Hoffnungen. Mit einer schmerzlichen Tatsache wird es leichter fertig als mit Hoffnungen, die immer wieder enttäuscht werden.

»Papa, warum willst du nicht mehr mit Mama verheiratet sein?«
FALSCH: »Das geht dich nichts an, dafür bist du noch zu klein.«
RICHTIG: »Weißt du, im Moment ist alles noch so neu für mich, daß ich gar nicht darüber reden möchte. Aber ich verspreche dir, daß wir später darüber reden können, und je größer du wirst, desto mehr können wir gemeinsam besprechen.«

»Papa, da ist jetzt immer so'n Onkel bei uns zu Hause, den mag ich überhaupt nicht.«
FALSCH: »Den mußt du auch nicht mögen, schließlich bin ich ja dein Papa.«
RICHTIG: »Du, ich kenn' auch ein paar Leute, die ich nicht so gern mag. Ich versuche dann immer, doch noch irgendwas Nettes an ihnen zu entdecken, und meistens finde ich auch was. Versuch's doch auch mal, und nächstes Wochenende erzählst du's mir dann.«
Ein Freund von mir fragte mich neulich, wie er sich in genau demselben Fall verhalten sollte, und ich gab ihm eben diesen Rat. Er hielt sich dran. Sein Kind ging nach Hause und fragte den neuen Freund der Mutter: »Mein Papa will wissen, ob an dir auch irgendwas Nettes ist?«
Womit (GRUNDSATZ) bewiesen wäre, daß die besten Ratschläge manchmal ganz, ganz falsch interpretiert werden.
Du erinnerst dich noch an den Starfighter-Piloten aus Schleswig-Holstein, der so verzweifelt um das Besuchsrecht für seine Kinder kämpfte. Als er es endlich hatte, stand er wieder vor dem Nichts – nun wollten die Kinder plötzlich nichts mehr von ihm wissen. Egal, ob seine Frau daran gedreht hat oder nicht: So was kann dir auch passieren. Es lohnt sich deshalb, einen Moment über die Frage nachzudenken:

Was mache ich, wenn meine eigenen Kinder mich nicht mehr sehen wollen?

Ich rate dringend davon ab, das Besuchsrecht zu erzwingen. Ein verantwortungsbewußter »Getrennt-Vater« drängt sich nie auf. Er stellt eigene Interessen immer hinter die der Kinder zurück. Du hast ausschließlich egoistisch gehandelt, als du zu Hause ausgezogen bist. Sicherlich mit gutem Grund. Aber jetzt bist du Nebensache. Jetzt geht es nur noch darum, die Kinder möglichst wenig leiden zu lassen. Wenn sie dich eine Zeitlang nicht sehen wollen – okay. Du wirst es überleben. Meistens kommen sie von selbst, wenn sie den Trennungsschock etwas überwunden haben. Du solltest deiner Frau allerdings per Einschreiben mit Rückschein die Sachlage kurz bestätigen. Sie kennt zwar die Gründe genauso gut wie du. Aber sie könnte später auf die Idee kommen, zu argumentieren: Monatelang hat mein Mann die Kinder nicht sehen wollen – jetzt braucht er auch nicht mehr zu kommen. Beim Familiengericht könnte sie, unterstützt von psychologischen Gutachten, damit durchkommen. Und dann beweise mal, daß die Kinder dich nicht sehen wollten – und daß es keineswegs andersrum war.
Falls deine Frau noch einen Funken Vernunft besitzt, wird sie sanft auf die Kinder einwirken und ihnen klarmachen, daß es für alle Beteiligten besser ist, wenn sie ab und zu bei dir sind. Die Juristen Drewes und Hollender schreiben in ihrem Kommentar zum Familienrecht:
»Man kann von keinem Elternteil verlangen, daß er das Kind zum anderen Teil hinprügelt. Dagegen kann

man fordern, daß der sorgeberechtigte Vater oder die Mutter dem Kind mit vernünftigen Worten klarmacht, daß ein solcher Besuch notwendig und geboten ist und daß das Kind um des lieben Friedens willen die Besuchspflicht einhalten möge. Wenn es auch anfangs oft Schwierigkeiten macht, so spielt sich das im Laufe der Zeit meist ein. Wenn die Kinder dann größer sind, entscheiden sie weitgehend selbst, wann und wie oft sie zu dem anderen Elternteil hingehen wollen. Bei einem 12- oder 14jährigen Kind haben die Eltern selbst in dieser Hinsicht häufig nur noch wenig Einfluß.«

Die Autoren hoffen auf die Vernunft des Sorgeberechtigten, also der Mutter. Juristisch durchsetzbar ist Vernunft leider nicht.

Da wir gerade beim Drewes/Hollender-Kommentar zum Familienrecht sind: Da stehen, so ganz nebenbei, zwischen trockenem Juristendeutsch erstaunliche Lebensweisheiten drin. Manch ein Satz könnte durchaus von mir sein und seinen Platz in diesem Buch haben. Du wühlst dich in dem dicken blauen Wälzer durch schreckliches Paragraphen-Chinesisch, das flimmert schon vor den Augen, und plötzlich stolperst du über diesen Satz: »Schon immer gab es Menschen, die die Ehe als ein Versorgungs-Institut angesehen haben. Insbesondere Frauen neigen gern zu dieser Sichtweise.«

Oho! Guck mal an. Juristen sind offenbar auch Menschen. Menschen allerdings, die wir Normalbürger manchmal nur schwer verstehen können. Nehmen wir mal ein Ereignis aus dem Scheidungsrecht, das gerade ein paar Monate zurückliegt – und gehen wir davon aus, daß unsere Politiker sich von Juristen beraten lassen, wenn sie ein neues Gesetz machen. Da hatten wir uns Anfang April gerade eben an die Änderungen im Scheidungsrecht gewöhnt. Manches gefiel uns, manches nicht. Die Zeitungen waren voll davon. Und was geschah genau neun Tage danach? Da ging's quer durch die deutsche Presse schon wieder um dieses neue Gesetz. Das Bundesverfassungsrecht in Karlsruhe hatte nämlich einen ziemlich wichtigen Teil davon für verfassungswidrig erklärt. Betriebsrenten, so meinten die Richter, müßten den gesetzlichen Renten gleichgestellt werden, wenn's ans Teilen geht.

»Peinliche Gesetzespanne«, schrieb mein Kollege Bernd Feldmann mit Recht in der WESTFALENPOST, »wieder einmal muß das Bonner Reparaturkommando Hand an das Scheidungsfolgenrecht legen!«

Und die BADISCHEN NEUESTEN NACHRICHTEN attestierten: »Durch Ideologie und Fanatismus, durch mangelnde Kompromißbereitschaft und Hektik ist vieles auf der Strecke geblieben, was die Rechtssicherheit ausmacht.«

Die Mainzer ALLGEMEINE ZEITUNG, Kohls Lieblingsblatt, stellte im »Bonner Justizministerium Verwirrung« fest, und den hübschesten Vergleich fand die RHEINPFALZ: »Es ist wie beim Brettspiel. Kommt man mit der Spielfigur auf ein bestimmtes Feld, muß man am Startpunkt neu beginnen. Die Koalition ist wieder einmal auf das gefürchtete Feld mit der Aufschrift ›Karlsruhe‹ geraten und postwendend zurückgeschickt worden. Nun ist Justizminister Engelhard wieder am Zug. Sollte sein zweiter Spielstein (der am 12. März vom Kabinett beschlossene neue Gesetzentwurf zum Versorgungsausgleich) wieder an dem Feld der roten Roben hängenbleiben, so müßte man sich fragen; ob nicht doch was dran ist an der Klage, die Juristen gern führen, wenn sie unter sich sind, daß nämlich der Gesetzgeber immer weniger in der Lage sei, korrekte, beanstandungsfreie Gesetze zu machen...«

In *Österreich* und der *Schweiz* läuft eine Scheidung in weiten Teilen genauso ab wie in Deutschland. Ein paar Unterschiede gibt's aber doch – die wichtigsten erkläre ich gleich. Das Scheidungsrecht in anderen Ländern vergessen wir mal; sollte mein Buch demnächst ins Chinesische übersetzt werden, füge ich halt noch ein Kapitel ein.

Zunächst nach Österreich (wir machen das so wie Ede Zimmermann am Schluß der XY-Sendung): »Was gibt es Neues aus Wien?«

Während das Wiener XY-Studio aber in aller Regel überhaupt keine Neuigkeiten hat, berichtet unser Mann in Wien doch allerhand Interessantes. Es ist Rechtsanwalt Dr. Alfred Boran, Lesern der »Kronenzeitung« hinlänglich als Rechtsberater bekannt.

Bis '76 waren die Österreicher – juristisch gesehen – ziemlich rückständig. Da war laut Gesetz der Mann

»das Haupt der Familie«, und seine Frau hatte zu gehorchen. Wie im Mittelalter. Seit '76 gilt zum Glück auch dort die Gleichberechtigung.

Unterhalt: Über den Daumen gepeilt, kriegt die Frau, sofern sie nichts verdient, 33 Prozent von »seinem« Nettoeinkommen. Verdienen beide, wird schlicht und einfach addiert, und wer weniger verdient, dem stehen 40 Prozent von der Gesamtsumme zu.

Für Kinder wird gezahlt: 16 Prozent bis zum 6. Lebensjahr, 18 Prozent bis zum 10., 20 Prozent bis zum 15. und 22 Prozent bis es sich selbst ernähren kann.

Wohnung: Etwas einfacher ist es für eine österreichische Frau als für eine deutsche, dem Mann den Zugang zur Wohnung nach der Trennung verbieten zu lassen.

Scheidungskosten: Man braucht in Österreich nicht unbedingt einen Anwalt zur Scheidung. Sind sich beide einig, geht's mit lächerlichen 140 Schilling ab, das sind rund 20 Mark. Mit Anwalt: pro Person 7–15 000 Schilling. Strittige Scheidung: leicht über 100 000 Schilling.

»In Österreich kann eine streitige Scheidung bis zur endgültigen Erledigung mehrere Jahre dauern«, berichtet Dr. Boran aus Wien, »man bedarf unbedingt starker Nerven. Ein streitiges Verfahren verstärkt oft die gegenseitigen Streitigkeiten bis zum gnadenlosen Duell.«

Scheidungsgrund: Die in Österreich haben noch das alte Schuldprinzip. Der »schuldlose« Teil muß die

»Schuld« des anderen sogar per Urteil feststellen lassen, sonst verspielt er u. U. seinen Unterhaltsanspruch. Mehr noch: Sechs Monate, nachdem der »Schuldlose« vom Scheidungsgrund erfahren hat, muß er die Scheidung eingereicht haben – sonst gilt das nicht mehr, dann ist die Sache sozusagen verjährt. Wer drei Jahre getrennt lebt, kann die Scheidung erzwingen, auch wenn der andere nicht will. Abgesehen von den Extremfällen, die auch bei uns gelten.
Besuchsrecht: Liberaler als bei uns. In der Regel zwei Wochenenden pro Monat und ein- oder zweimal im Jahr für eine oder zwei Wochen.

Aus der Schweiz berichtet ein Rechtsprofessor von der Uni in Basel.
Trennungsjahr: Gibt's in der Schweiz nicht. Aber andererseits kann man die Scheidung prinzipiell nicht gegen den Willen des »schuldlosen« Teils durchboxen.
Schulden: 1988 tritt in der Schweiz ein neues Gesetz in Kraft, das dem deutschen weitgehend angeglichen ist. Derzeit trägt der Mann die Schulden nach der Trennung allein, sofern er nicht nachweisen kann, daß die Frau sie verursacht hat.
Sorgerecht: Die Anhörung der Kinder ist in der Schweiz nicht üblich. Und das war's dann auch schon.

Vorsicht, Privatdetektiv!

Wir haben nun schon eine Menge übers neue Scheidungsrecht gelernt. Ganz wesentlich war dabei der Punkt, daß vor Gericht neuerdings wieder schmutzige Wäsche gewaschen wird, und wie's aussieht, ist dieser Teil des Gesetzes in aller Regel män-

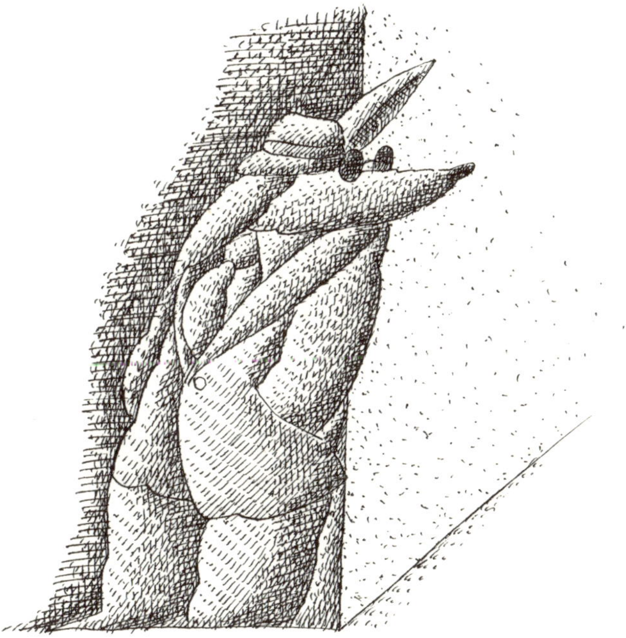

nerfreundlich und frauenfeindlich, um das mal zu polarisieren. Das *Gesetz* ist so, und wir Männer müssen ja nicht gerade protestierend auf die Straße gehen, wenn die Gesetzgeber auch mal was für uns tun, oder? Wenn aber schon geholzt wird vorm Richter, dann müssen wir wenigstens gut gerüstet sein. Unsere Frauen sind's in aller Regel ja auch. Und da gibt es nun einen Punkt, den wir nicht geringschätzen sollten: Ich meine die klammheimliche Freude der deutschen Privatdetektive über die letzten Änderungen im Scheidungsrecht.

Ist doch ganz klar. Je geschäftsmäßiger und cooler eine Scheidung durchgezogen wird, desto weniger haben die armen Schnüffler zu tun. Wenn's was zu beweisen gibt, blüht ihr Geschäft. Im Moment sind sie deshalb ganz happy. Wir Männer müssen unbedingt ihre Tricks kennen. Die Chance, im Zuge einer Scheidung mal mit dem Problem Privatdetektiv konfrontiert zu werden, ist nämlich sehr hoch.

Erstes Beispiel: Deine Frau kriegt von dir reichlich Unterhalt und hat nach Ablauf einiger Jahre einen neuen festen Freund. Führt sie ihm den Haushalt oder nicht? Kauft sie auch für ihn ein oder nur für sich selbst? Wohnt sie bei ihm, schläft sie mit ihm, wenn ja, wie oft und so weiter? Das alles interessiert dich plötzlich sehr. Nicht, weil du ein kranker Voyeur bist, aber wenn sie eheähnlich liiert ist, mußt du ihr weniger löhnen, und das interessiert dich schon. Also – wenigstens nachdenken wirst du über die Frage, ob sich ein Privatdetektiv lohnt.

Zweites Beispiel: Du lernst eine geschiedene Frau kennen, so süß, daß du ihren Ex-Mann gar nicht verstehen kannst. Warum hat er sie gehenlassen? Er zahlt ihr den sogenannten »Underhalt«, was man mit d schreibt, weil's eine Kombination aus Underberg und Unterhalt ist: mäßig, aber wenigstens regelmäßig. Du flirtest auf Deubel komm' raus, verführst sie oder sie dich, und alles ist schön. Vielleicht zieht sie auch bei dir ein, und du denkst schon an richtige Liebe. Glückwunsch, mein Lieber, aber paß bloß auf. Denn wenn ihr Ex-Mann, jener tumbe Mensch, der ihre unerhörten Qualitäten nicht zu würdigen wußte und sie wie seine Putzfrau behandelt hat, wenn dieser Fehlgriff der Natur also spitzkriegt, daß sie manchmal dein Geschirr abwäscht und dir die Schuhe putzt – was ja nun wirklich nicht verboten ist –, dann kann er ihr einen Teil des Unterhalts streichen, das hatten wir ja schon, bloß umgekehrt. Er wird dann nämlich fälschlich argumentieren, sie sei deine Putzfrau.
Plötzlich stehst du nun in der anderen Ecke des Rings und wirst von dem Kerl mit vor nacktem Geiz glühenden Augen angestarrt, bloß weil er hofft, ein paar müde Mark zu sparen. Und das, wo er sowieso nur ihr Taschengeld bezahlt. Auch in diesem Fall sollte dir der Gedanke an einen Privatdetektiv nicht zu fern liegen. Jetzt geht es nämlich darum, einen solchen Schnüffler frühzeitig auszumachen. Ist gar nicht schwer!
Ein Privatdetektiv ist eine Maschine, die schlechte

menschliche Eigenschaften in Bargeld verwandelt. Er muß verlogen, betrügerisch, gerissen und gewissenlos sein. Dann verdient er ganz gut. Unglücklicherweise richten manche Privatdetektive ihre schlechten Eigenschaften gegen ihre eigenen Kunden. Auch dann verdienen sie gut, nur – der Kunde hat nichts davon.

Du merkst schon: Wir reden zur Zeit von dem Detektiv, den du selbst engagieren möchtest, um deiner Ex-Frau den Unterhalt zu kürzen – und nicht etwa von dem Detektiv, der dir selbst auf den Fersen hockt. (Im letzteren Fall kann es dir ja nur recht sein, wenn er seinen Kunden beschubst.)

Die erste Regel heißt also: Äußerste Vorsicht bei der Auswahl der Detektei. Die meisten Männer schlagen das Branchenbuch auf und nehmen den mit der dicksten Anzeige. Falsch. Männer, die in Scheidung leben, sind naiv und naturblöd, es fehlt ihnen im Gegensatz zur Frau an Raffinesse. Das macht sie arm und die Detektive reich.

Bei den Recherchen zu diesem Buch habe ich mit vielen Vertretern dieses zweifelhaften Berufsstandes gesprochen; sie verrieten mir zögernd aber erschöpfend ihre professionellen Tricks. Kaum zu fassen, aber wahr: Viele machen sich bei kleineren Aufträgen nicht mal die Mühe, den Hintern vom Stuhl hochzukriegen. Sie lassen dich den Vertrag unterschreiben, warten eine Woche und schreiben dann einen Bericht, in dem steht: »Die Zielperson hat offensichtlich einen eigenen Wohnsitz und führt keiner anderen Person den Haushalt.« Anbei die Rechnung. Und sie haben überhaupt nichts recherchiert. Jeden Reporter würde ich wegen so was feuern.

Die Zeitschrift TEST hat kürzlich Detekteien geprüft. Das Ergebnis war verheerend. Demnach handelt es sich um einen von Grund auf schlechten Berufsstand, und jeder ist selbst schuld, der einer Detektei freiwillig Geld in den verlogenen Rachen stopft.

Ganz so ist es aber doch nicht. Mit den Detekteien ist es halt wie mit den Frauen: Ein paar gute gibt's noch – man muß sie nur zu finden wissen. Wenn du die Wahl hast, ist eine kleine Detektei immer besser als eine große. Sie sollte außerdem möglichst vom Dorf sein, ganz nahe der Stadt. Warum? Ist doch logisch: Kleine Firmen sind noch ehrgeizig, wollen expandieren; da ermittelt der Chef noch persönlich, und auf dem Dorf zählt nur eins: Mund-zu-Mund-Propaganda. Gute Arbeit ist da also eher zu erwarten als von einem anonymen Riesenbetrieb, wo der Detektiv die Arbeitnehmer-Mentalität hat: Hauptsache, die Kohle stimmt, und ich hab' meine Ruhe.

Falls du einen größeren Auftrag zu vergeben hast, der dich, sagen wir mal, ein paar tausend Mark kosten wird, rate ich dringend: Laß dich einen Abend lang selbst beschatten, bevor du den Vertrag unterschreibst. Das ist ganz einfach und macht auch Spaß.

Du läßt deine Freundin (oder Schwester) einfach bei der Detektei anrufen. »Ich glaube, mein Lebensgefährte geht morgen abend fremd, könnten Sie ihn

verfolgen?« oder so was. Nach herrschender Rechtsprechung muß derjenige, der so einen Auftrag vergibt, zwar ein »berechtigtes Interesse« nachweisen, aber in der Praxis fragt keiner danach.
Am Abend gehst du mal richtig auf die Piste. Hier 'ne Disco, da 'ne Kneipe. Fährst ein Stück mit dem Auto und guckst mal in den Rückspiegel. Folgt dir einer, lachst du dich kaputt. Kannst den armen Kerl im Lokal ja auch zu 'nem Bier einladen, mal sehen, wie er reagiert. Ein paar Tage später liest du seinen Bericht. Entweder ist er korrekt, dann kannst du die Detektei nehmen. (Vor allem, wenn du gar nicht gemerkt hast, daß du beschattet wurdest.) Steht da aber drin: »Zielperson sah offensichtlich fern und ging nicht aus dem Haus«, dann vergiß die Detektei, und die Rechnung zahlst du natürlich auch nicht. Vor Anzeigen bei der Gewerbeaufsicht haben alle Detektive panische Angst – die Lizenz ist allzuschnell weg!
Der kleine Test kostet dich ein paar hundert Mark, aber sie sind gut investiert. Vielleicht kriegst du auch noch ein Foto von dir, das du dir rahmen kannst: »Guck mal, das hat ein Detektiv von mir geschossen.«
Nächster Tip: Detekteien, die gleichzeitig eine Lizenz als Bewachungsunternehmen haben, sind meistens vertrauenswürdig. Bewacher-Firmen werden nämlich streng kontrolliert, schließlich sind sie eine Art Privat-Polizei. Und scharfe Kontrollen bürgen für Qualität.
Dann: Lies dir den Vertrag gut durch. Manche Detek-

tive nennen dir einen Stundenlohn, und da ist alles drin. Nachtzuschlag, eventuell eine zweite Person, die beim Observieren hilft. Spesen gehen natürlich extra – Kilometergeld sowieso, und dann das Bierchen, wenn die »Zielperson« in eine Kneipe geht, oder die Kinokarte, wenn's sein muß. Das ist reell. Vorsicht vor Sonderklauseln. Bearbeitungsgebühr, Pauschale, Zuschlag, Sondertarife für den zweiten Bewacher, das ist oft reine Geldschneiderei. Faustregel: In Großstädten kriegt man die Detektiv-Stunde für etwa 70 Mark, auf dem Land für ein bißchen weniger, und allzuviel sollte nicht dazukommen. Schon mal gar keine Gefahrenzulage – außer, deine Frau ist eine von der ganz gefährlichen Sorte.

Ein fairer Detektiv wird dich schon bei der ersten Besprechung auf dein Risiko hinweisen. Er wird nicht so tun, als wäre er der Weltmeister im Beschatten, sondern er wird sagen: »Garantieren kann ich für nichts. Wenn ich Ihre Frau an der Ampel verliere, muß ich von vorn anfangen. Ich kann mich ja schließlich nicht an die Stoßstange hängen.« Oder irgend so was. Hüte dich vor Aufschneidern, meistens sind die auch Geldschneider!

Kiebitzreihe ist ein winziges Dorf bei Elmshorn, das hoch in Deutschlands Norden vor den Toren Hamburgs liegt. Da residiert, bewacht von zwei kräftigen Söhnen und einem mächtigen Hund, ein ganz besonderer Privatdetektiv. Es ist eine Frau, die zu allem Übel auch noch Eva heißt, Eva Ritter, schmal und blond und – optisch gesehen – von geradezu un-

glaublicher Harmlosigkeit. Aber denkste. Die blonde Eva hat's so faustdick hinter den Ohren, daß ich dir nur wünschen kann, daß sie dich nicht mal beschattet. Da hast du nämlich wirklich keine Chance.
Und damit wären wir beim zweiten Teil dieses Kapitels. Können wir Männer eigentlich spitzkriegen, wenn wir selbst beobachtet und hinterhältig ausspioniert werden? Die Antwort ist radio-eriwanisch: im Prinzip ja. Nur sind wir meistens zu blöd dazu.

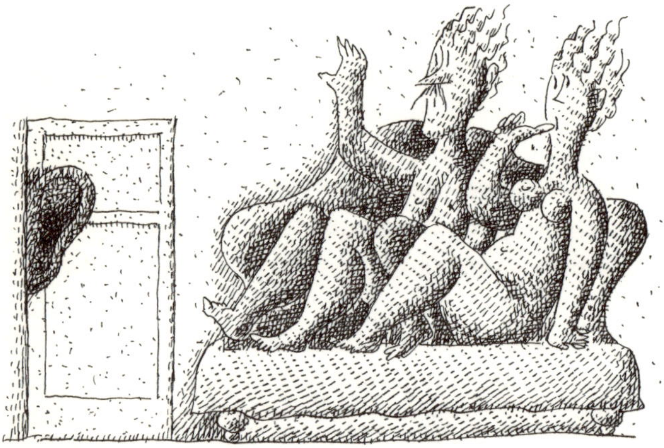

»Männer lassen sich viel leichter beschatten als Frauen«, berichtet die blonde Eva. Sie schnüffelt schon zwanzig Jahre und weiß, wovon sie spricht. »Die fahren zu ihrer Freundin, geradeaus den schnellsten Weg, und wenn sie mal ums Viereck fahren, dann nur, weil sie keinen Parkplatz direkt vor der Tür kriegen. Die kommen gar nicht auf die Idee, daß ihnen jemand folgt. Und wenn sie verliebt sind, fah-

ren sie sowieso wie blind. Die passen ja noch nicht mal auf den normalen Straßenverkehr auf – geschweige denn auf jemanden, der hinterherfährt. Und dann haben sie die Angebetete im Auto. Mein Gott, wie machen sie es uns einfach. Die küssen das Mädel ab, kaum daß es eingestiegen ist, und du brauchst nur noch die Agfa-Klack zu nehmen und draufzudrücken. Ehrlich: Verliebte Männer beschatte ich am liebsten. Da kann ich bei stricken.«
Vorsichtig warf ich ein, daß genau diese typisch männliche Naivität und harmlose Gutgläubigkeit das Thema meines Buches sei. Sie runzelte die hübsche Stirn. »Mach mir die Männer nicht zu schlau«, bat sie, »das erschwert mir die Arbeit!«
Dann erfuhr ich, wie schwer es ist, eine Frau zu beschatten. Frauen, so lernte ich, sind von Natur aus mißtrauisch und denken um tausend Ecken. Wenn sie fremdgehen, haben sie ein maßlos schlechtes Gewissen. Entsprechend fahren sie auch. Mal rasen sie davon, mal schleichen sie. Sie fahren nie den direkten Weg zum Liebsten. Manche gehen erst auf die Autobahn und fahren ein Stück in die falsche Richtung, biegen dann haarscharf ab und düsen zurück. Dabei peilen sie die ganze Zeit in den Rückspiegel – nicht, weil sie Angst um ihre Frisur haben, sondern weil sie Verfolger rechtzeitig abhängen wollen. Evas Vorteil ist, daß sie auch eine Frau ist. Und merkwürdigerweise steckt das Vorurteil in den meisten Leuten drin: Ach so, 'ne Frau, na gut. Das ist bestimmt kein Detektiv.

Wir schließen daraus, und das ist die Regel Nummer eins: *Ein Detektiv, der dich verfolgt, ist anders, als du dir das vorstellst.*

Natürlich glaubst du nicht, daß er wie Sherlock Holmes aussieht, Karo trägt und Pfeife raucht. Aber er fährt bestimmt auch keinen dicken Wagen. Er muß kein Mann sein. Er kann sogar ein Kind sein. Er kann einen Kinderwagen schieben oder einen Hund an der Leine führen. Er kann aussehen wie du und ich. Eva zum Beispiel sieht aus wie eine Hausfrau, was sie nebenbei auch ist, sie fährt einen Passat, und natürlich hat sie auch einen Kinderwagen (mit Kind, aber das hat sie sich nicht aus Berufsgründen angeschafft).

Wir kommen zur zweiten Regel: *Die Ampel ist der natürliche Feind des Detektivs.*

Experten aus diesem Gewerbe schätzen, daß mindestens vierzig Prozent aller Aufträge zunächst daran scheitern, daß der Detektiv seine Zielperson bei Rot verliert. Ist ja auch logisch. Er kann in der Stadt nicht dauernd an der Stoßstange hängen, muß schon ein bißchen Abstand halten. Alle zwei oder drei Minuten springt die Ampel um. Und auch wenn du völlig arglos bist – wetten, daß du spätestens an der dritten Ampel bei Spätgelb durchbraust? Der Wagen hinter dir schafft's schon nicht mehr, und der Detektiv ein Auto weiter sowieso nicht.

Nun wäre es aber falsch, immer auf Spätgelb zu setzen, wenn du dich beschattet fühlst. Was passiert denn? Der Detektiv fährt heim und versucht's am

nächsten Tag noch einmal. Darum bringt dich nur eins weiter: Gibt dein Hintermann bei Spätgelb noch Gas und flitzt hinter dir her, guck eine Minute danach noch einmal in den Rückspiegel. Mal sehen, ob er noch dran hängt. Wenn ja, ist Vorsicht geboten.
Die dritte Regel: *Alle Autos mit Zusatz-Antenne sind prinzipiell verdächtig.*
Bei einer richtigen Beschattung kommt der Detektiv nicht mit einem Auto aus. Er beschattet dich mit mindestens zwei Wagen, die sich abwechseln und untereinander Funkkontakt halten. Muß nicht sein, kann aber. Also aufgepaßt, wenn einer mit Funkantenne hinter dir herfährt.
Was macht ein Detektiv, der stundenlang vor einem Haus lauert? Er sitzt gelangweilt hinterm Steuer, so denkst du dir, liest Zeitung und wartet, bis du rauskommst. Falsch. Vierte Regel: *Detektive warten meistens auf dem Beifahrersitz oder auf der Rückbank.*
Auf dem Beifahrersitz, weil sie da besser die Beine ausstrecken können, außerdem sieht's so aus, als wenn sie nur auf ihren Fahrer warten. Komisch, aber das ist angewandte Psychologie. Sitzt einer auf dem Beifahrersitz, wirst du nicht mißtrauisch. Der wartet halt auf jemanden. Sitzt einer hinterm Steuer, guckst du komisch. Was will der denn? Stimmt's? War mir vorher auch nicht so klar, aber es ist so. Also schadet ein bißchen Vorsicht nicht, wenn da ein Kerl auf dem Beifahrersitz hockt. Hinten sitzen manche deshalb gern, weil man sie von außen kaum sieht.
Nun bist du zu Hause und ahnst, daß dich draußen

jemand beschattet. Du guckst also aus dem Fenster. Aber draußen steht keiner, da ist auch kein Auto. Du bist beruhigt. Falsch. Fünfte Regel: *Detektive parken immer vor dem Nachbarhaus*. Sie werden sich garantiert so plazieren, daß sie deine Haustür noch gerade erkennen können, du sie aber aus dem Fenster nicht siehst. Es ist deshalb überhaupt nicht übertrieben, sich in so einer kniffligen Zeit mal übern Zaun mit dem Nachbarn zu unterhalten. »Wenn hier demnächst ein Auto verdächtig parkt, würden Sie mich mal anrufen?«

Mehrere Detektive haben mir berichtet, daß besorgte Anwohner nach stundenlangen Observationen die Polizei riefen: »Hier parkt einer so komisch und steigt nicht aus.« Es war in keinem Fall der Betroffene selbst, sondern immer ein Nachbar. Nachbarn kriegen ja bekanntlich ohnehin immer alles mit. In diesem Fall kann das ganz nützlich sein. Vorausgesetzt, man hat Vertrauen zu ihnen...

Und noch einmal: Je besser der Detektiv, desto schwerer ist er zu erkennen. Wenn du wirklich mal beschattet wirst, dann ist es bestimmt nicht ein Typ wie du und ich mit Passat und Kinderwagen, der 'ne Funkantenne auf dem Dach hat, bei Spätgelb mit rüberrast und vor dem Nachbarhaus auf dem Beifahrersitz hockt. Das Leben spielt halt meistens anders als alle Erfahrungswerte, und – damit schließt sich der Kreis – Detektive haben viel mit Frauen gemeinsam – es gibt nur wenig wirklich gute, das wissen wir schon, aber mehr noch: Sie verblüffen uns immer wieder.

Die große, spannende Partnersuche

Legen wir mal eine kleine Pause ein. Lehnen wir uns zurück, machen wir ein Bierchen auf und atmen wir mal wieder Luft, die nicht durchs Paragraphen-Netz gesiebt ist. Denn die Beendigung einer mißglückten Beziehung hat ja weiß Gott nicht nur negative Aspekte. Gleich wenden wir uns den erfreulichen zu. Aber einen Moment noch: Mit der Lektüre dieses Buches, das du hoffentlich zweimal gekauft hast (einmal für dich, einmal für deinen besten Freund) hast du eigentlich schon jetzt eine Menge Geld und Nerven gespart. Entweder ist dir beim Lesen die Lust an der Scheidung endgültig vergangen (die preiswerteste Lösung schlechthin, und die erfreulichste, die ich mir vorstellen kann). Oder du bist jetzt erst recht aus der Ehe raus – etwas schlauer und sehr viel mutiger geworden. In diesem Fall hast du durch die Lektüre ein paar Scheidungsklippen geortet und (hoffentlich rechtzeitig) zu umschiffen gelernt. Einen Teil des dadurch gesparten Geldes solltest du nun umgehend in eine schicke neue Beziehung investieren.
Landstraße bei Glatteis. Ein Auto braust heran, ist ein bißchen zu schnell, kommt ins Schleudern und wikkelt sich um einen Baum. Heftig blutend steigt der Fahrer aus, beäugt sein schrottreifes Wrack, wackelt

an seinem lockeren Schneidezahn und nuschelt: »Na prima: jetzt gibt's endlich einen neuen Wagen.«
Der Mann ist vielleicht ein bißchen bescheuert. Auf jeden Fall hat er die seltene Begabung, auch Katastrophen einen erfreulichen Aspekt abzugewinnen. Insofern könntest du von ihm lernen. Mehr noch. Du als Scheidungsopfer Mann, als Getrennt-Vater oder Zwangs-Single hast sowieso nur zwei Möglichkeiten – den Strick oder Humor. Untergang oder Optimismus, das ist die Kernfrage in jener eisglatten Kurve des Lebens, aus der dich das Schicksal getragen hat. Und darum rate ich dir: Weine nicht, wenn das Wrack deiner Ehe auf den Abschleppwagen des Scheidungsrichters gezerrt wird. Räum das Handschuhfach dieser gescheiterten Beziehung leer und freue dich auf das nagelneue Spitzenmodell, in dem du künftig ein bißchen vorsichtiger fahren wirst. Der Vergleich zwischen Frau und Auto ist zwar reizvoll, er ließe sich auch vertiefen. Anspielungen auf frischen Lack, breite Felgen und attraktive Fahrgestelle verkneifen wir uns trotzdem. Zurück zum Thema – es heißt: *Wie finde ich eine neue Liebe?*
Im Prinzip wäre ja alles klar. Du bist gut motiviert, hast das grüne Jagdhütchen sozusagen auf dem Kopf, die Büchse fest im Anschlag und ein frohes Lied auf den Lippen. Mal sehen, wo du die Beute findest. Die Antwort muß ganz ehrlich heißen: Es gibt dafür weder Rezepte, noch geheime Tricks, noch irgendwelche anderen Krücken.
Ich halte es – nach allem, was ich davon weiß – für

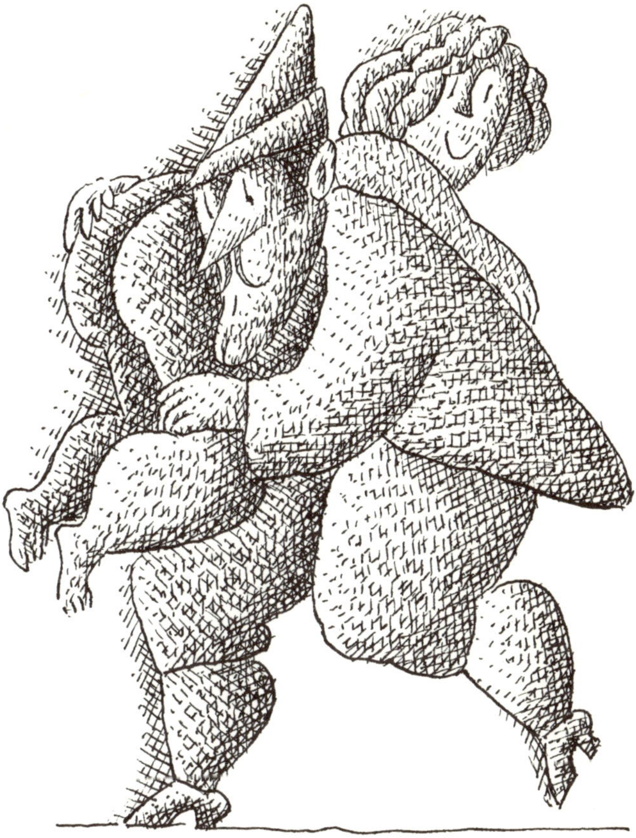

absolut schwachsinnig, einen Spezialkurs auf einer »Flirtschule« zu buchen (so was gibt's tatsächlich – Volkshochschule für einsame Singles!). Da lernst du, wie du richtig grinst und wie du den schicksalsträchtigen Satz »Darf ich Sie zum Essen einladen?« so rausquetscht, daß es unwiderstehlich klingt. Alles Käse. Natürlich gibt es ein paar Grundsätze, aber ich bezweifle, daß sie dir in der Praxis weiterhelfen. So weiß ich aus vielen Interviews mit führenden Psychologen zu diesem Thema, daß es beim Kennenlernen zwischen Mann und Frau ein paar simple Mechanismen gibt, die immer gleich ablaufen. Da wäre vor allem die folgenschwere Bedeutung des ersten Blickes zu erwähnen.

»Ob eine Frau mit dir was anfängt, entscheidet nicht deine Fähigkeit zu flirten oder dein erster toller Blumenstrauß«, erklärte mir ein Fachmann kürzlich. »Das läuft ganz anders ab. Sie sieht dich, du sagst ein paar Worte – und spontan fällt bei ihr eine Klappe. Ein unsichtbarer Daumen geht sozusagen rauf oder runter. Geht er rauf, dann heißt das ›okay‹. Es ist danach ziemlich egal, wie du dich anstellst, ob du ein Meister der Verführung oder ein erotischer Dorftrottel bist. Du kannst aussehen wie der Bruder von E. T. und genauso tolpatschig sein. Wenn du dran bleibst und sie im Herzen frei ist – was ja nicht unbedingt gleichbedeutend mit ›solo‹ ist –, hast du die allerbesten Chancen. Geht der Daumen runter, ist deine ganze Mühe umsonst. Sie kann später sogar feststellen, daß du viel netter bist, als sie erst dachte. Zu spät. Der Daumen bleibt unten.«

Dies ist für uns Männer eine wichtige und – denkt ruhig mal weiter – auch eine positive Erkenntnis. Die Lehre daraus heißt nämlich: Wir machen uns meistens viel zu viele Gedanken, wie wir strategisch vorgehen sollten, um die Dame zu becircen. Wir grübeln stundenlang, ob wir zum Rendezvous mit oder ohne Krawatte, mit Sekt oder mit Blumen gehen, ob wir die Haare so lassen oder vorher nochmal zum Friseur latschen sollen. Dabei ist die Entscheidung längst gefallen. Der Daumen ist oben oder unten. Und wenn sie zum Rendezvous kommt, kannst du sowieso davon ausgehen, daß er oben ist.

Um nicht mißverstanden zu werden: »Daumen oben« heißt nicht, daß sie auch gleich mit dir schläft. Schlimmstenfalls heißt es, sie hätte im Prinzip nichts dagegen, nur die Umstände sind halt nicht so, und darum läßt sie es. (Daß sie glücklich verheiratet ist, könnte so ein Grund sein.)

Und noch etwas: In welche Richtung der Daumen zeigt, das können wir Männer kaum beeinflussen. Es gibt über die Kriterien auch keine genauen wissenschaftlichen Erkenntnisse. Sicher ist: Aussehen, Haarfarbe, Bart oder nicht, Hippie oder Gentleman, all das ist unwichtig. Nur eine Regel akzeptiere ich: Wer sich anders gibt, als er ist, hat es schwer. Wer sich verstellt, wer eine Rolle spielt, der drückt den Daumen nach unten. Das heißt in der Praxis: Mach dir keine Gedanken, mach kein Kino, nerv dich nicht mit der Frage, wie du dem Mädchen am besten gefällst. Sei einfach so, wie du bist.

Klingt wie eine dusselige Bauernregel und doch, man kann es nicht oft genug sagen: Natürlichkeit ist beim Anmachen Trumpf.

Ich habe mehrere Interviews mit Männern gemacht, die schon eine ganze Weile allein leben und sich dabei ganz wohl fühlen. Manche haben eine neue Liebe, mache leben ziemlich allein. Isoliert fühlt sich keiner von ihnen. Ich werde die einzelnen Typen gleich vorstellen, ohne Kommentar, ohne Wertung. Die Schilderung dieser Einzelbeispiele erhebt gar keinen Anspruch auf Allgemeingültigkeit. Mag trotzdem sein, daß du beim einen oder anderen sagst: Klar, so mach' ich das jetzt auch, oder: Der Mann hat recht, mir ging es genauso.
Beginnen wir mit Günter aus Karlsruhe. Mitte 30. Auf den ersten Blick ein flotter Typ. Braune Locken wie Beckenbauer, Porschefahrer. Macht in Versicherungen. Seine Scheidung hat er ganz gut überstanden. Sie war für ihn kein Ende, sondern ein Anfang. Er hatte seine Koffer noch nicht ausgepackt, da telefonierte er schon den ersten Mädchen hinterher. Er selbst war kaum telefonisch zu erreichen – entweder machte er die Discos unsicher, oder er klingelte bei irgendeiner Dame an der Tür, von der er annahm, sie hätte nur auf seine Scheidung gewartet. Die Hektik mag damit zusammenhängen, daß Günter sehr früh geheiratet hat und eigentlich das Junggesellenleben nie so richtig genießen konnte. Er ist ein Spätentwickler. Jetzt, das gibt er offen zu, holt er einiges nach, was andere Männer mit zwanzig gemacht haben. Günter ist immer auf der Suche nach einer neuen Frau. Ganz klar, daß er nicht jedesmal Glück hat. Auf den zweiten Blick, so scheint mir, ist er nämlich gar

kein Frauentyp – ein bißchen zu jugendlich gekleidet, ein bißchen überdreht, ein bißchen Möchtegern-Playboy. Die wirklich guten Frauen hassen so was. Aber jede Abfuhr nimmt er gelassen hin. »Die Schlacht ist verloren, aber nicht der Krieg«, sagt er dann und macht sich augenblicklich an die nächste Schönheit ran.

Ich möchte ihn mal mit einem Autofahrer vergleichen, der auf der Autobahn pausenlos Vollgas gibt. Er hängt eine Menge anderer Autos ab – aber leider überholen ihn alle wieder, weil er viel öfter tanken muß. Vom Streß ganz zu schweigen.

Günter nimmt das Aufreißen sehr ernst. Es würde ihm sehr schwerfallen, zuzugeben: Im Moment bin ich solo, hab' zur Zeit nix laufen. Ein hübsches Mädchen ist für ihn eine Prestigefrage. Er schmückt sich damit wie ein alter Krieger mit dem EK II.

Glücklich? Er selbst bejaht die Frage. »Immer action, Alter«, so sagt er das, »bin immer gut drauf.«

Ich hatte den Vorsatz, nichts zu kommentieren, und ich halte mich daran.

Volker aus Hamburg: ein »Kopf-Mensch«. Was er anfaßt, macht er gründlich. Auch die Partnersuche. Discos sind für ihn verlorene Zeit, und als ich ihm von Günter erzählte, lächelte er nur mitleidig. Er las mal in einer Statistik, daß nur zehn Prozent der Männer über dreißig in der Disco eine Partnerin finden, und weil er schon über dreißig ist, geht er nicht hin. Volker plant alles bis aufs i-Tüpfelchen. Sein Herz läßt er erst ganz spät sprechen. Er macht auch nie etwas spontan. Erst muß ein Plan her. Er zimmert sich seine Beziehung. Die Statik muß stimmen.

»Wozu soll ich ein Mädchen anmachen, das in festen Händen ist?« sagt er sich, »ich suche mir die richtige Zielgruppe. Und das sind Mädchen, die mit viel Interesse die Kontaktanzeigen lesen. Diese Mädchen«, so erklärt er, »haben meistens Jobs, die eher beziehungsfeindlich sind – Krankenschwestern zum Beispiel, die mal Frühschicht (dann sind sie abends früh müde) und mal Spätschicht haben (dann läuft sowieso nichts).«

Volker ist im Laufe eines halben Jahres ein richtiger Kontaktanzeigen-Profi geworden. Lassen wir ihn mal erzählen. »Die Anzeigen in den Tageszeitungen gucke ich mir gar nicht erst an«, klärte er mich auf. »Achtzig Prozent sind von mehr oder weniger getarnten Eheinstituten. Die restlichen zwanzig Prozent kannste auch vergessen – welches hübsche Mädchen von fünfundzwanzig oder dreißig hat denn schon eine Tageszeitung zu Hause? Dementsprechend wird sie dort auch nicht reingucken oder gar inserieren. Nein, die Szene-Blätter sind viel besser. Es gibt sie in jeder Großstadt, meistens erscheinen sie monatlich. Sie bringen ein paar Berichte über In-Gruppen und In-Kneipen und im übrigen nur Kleinanzeigen. Seitenlang Partnersuche. Die Leser sind zwischen 15 und 30, die Inserenten auch. Das ist meine Zielgruppe.«

Ich frage Volker, was besser sei: inserieren oder auf Inserate schreiben?

Er zögerte. »Das ist erst mal eine Kostenfrage. Antworten kosten 80 Pfennig Porto, ein Inserat kommt leicht auf 30 Mark. Andererseits – Mädchen, die selbst inserieren, haben's meistens auch sehr nötig. Die wirklich süßen lesen die Anzeigen, amüsieren sich und antworten, wenn sie sich angesprochen fühlen, nur mal so aus Jux. Aber weißt du – das sind nur Erfahrungswerte. Richtige Regeln gibt's in diesem Geschäft nicht.« (Er sagte wirklich Geschäft.)
Und dann schrieb er mir acht goldene Regeln auf. Ich gebe sie ohne Gewähr weiter, hab's selbst nicht ausprobiert. Das meiste leuchtet mir allerdings ein.
1. *Die Masse bringt's.* Zwanzig bis dreißig Briefe mußt du schreiben, oder fünf- bis siebenmal inserieren. Hat's dann noch nicht geklappt – ist es also noch zu keinem Treffen gekommen – hast du einfach den falschen Stil.
2. *Keine Personenbeschreibung.* »1,78, blond, breitschultrig« – das wirkt eitel. Außerdem wird das Mädchen mißtrauisch. Was verschweigt der Kerl mit den Dressman-Maßen? Den Buckel oder das Holzbein?
3. *Keine Statussymbole.* »Porschefahrer, Lacoste-Fan, sieht sehnsüchtig auf seine Rolex-Uhr: Wo bleibt die große Liebe für den Sylt-Urlaub?« Das ist, auch wenn nicht ganz so dick aufgetragen wird, absolut out. Zum Glück.
4. *Sprich das Mädchen direkt an.* »Wenn du gern schmust, nichts gegen Elton John hast und ein bißchen Grips mitbringst, dann solltest du mir schrei-

ben« – das war eine von Volkers Anzeigen, die fast die größte Resonanz hatte (70 Briefe). Ganz schlicht geschrieben!

5. *Mach Schönheit nicht zur Bedingung.* Du willst natürlich keine Schreckschraube, aber Mädchen fühlen sich äußerst ungern als Ausstellungsstück. Guck sie dir an und entscheide dann.

6. *Sex darf nicht drin vorkommen.* Die moderne Anzeigensprache gebraucht statt dessen »schmusen«, »kuscheln« oder so was. Ist sowieso klar, was gemeint ist. »Ich bums' auch ganz gern« – und schon ist die Anzeige ein Flop.

7. *Tiefstapeln.* Kann ja sein, daß du einen von diesen sogenannten Traumberufen hast: Pilot, Assistenzarzt oder Chef der örtlichen Mordkommission. Klar, die Mädchen geben gern damit an. »Mein Freund ist grad' im OP« oder »Der fliegt heute die Ell-Äi-Tour« oder »Ach, das war vielleicht 'ne Nacht – zwei Morde und eine Vergewaltigung!« – das schmückt ungemein. Es hebt deshalb deinen Wert als Mann. Denn kühle Berechnung, das wissen wir inzwischen schon aus vielen kleinen Einzelheiten, ist offenbar eine typisch weibliche Eigenschaft. Aber in der Anzeige hat dein Job trotzdem nichts verloren. Das Mädchen wäre enttäuscht, weil du vermutlich nur halb so schön bist wie Professor Brinkmann aus der Schwarzwaldklinik. Deshalb darfst du deine ungemein wichtige Tätigkeit, sofern du eine solche ausübst, allenfalls zart anklingen lassen: »Hab' einen sehr unruhigen Job« oder »Du müßtest viel Verständ-

nis für meine Arbeitszeit (24 Stunden) aufbringen« – das macht neugierig. Schreib aber ja nicht: »Bin beruflich viel unterwegs.« Das klingt, als wenn du Hemden an der Haustür verkaufst.

8. *Echte Probleme locker ansprechen.* Da kommt's auf deine Formulierungskunst an. Wäre doch blöd, wenn du mit dem Mädchen fast einig bist und dann mit der Wahrheit rausrücken mußt: »Ach, da ist noch 'ne Kleinigkeit – sieben Monate bin ich noch Freigänger«, oder: »Eifersüchtig wirst du niemals sein – ich bin nämlich total impotent!« Das schockt zu sehr, das wär' nicht gut. Lieber gleich raus mit der Sprache, aber vorsichtig. »Knacki sucht Knackarsch« – falsch. »Wetten, daß mir kein nettes Mädchen in den Knast schreibt?« – richtig.

Apropos »Wetten, daß«: Volker gab mal die folgende Anzeige auf: »Hab' 'ne Wette laufen (1000 Mark), daß ich auf diesem Weg ein hübsches, nettes Mädchen kennen- und liebenlerne. Schreibst du mir? Wir teilen, okay? Chiffre...«

Kannst mal sehen, wie geldgierig die Mädels sind. Über hundert Antworten kamen. Rekord! Volker hatte ein paar sehr schöne Wochen. Gezahlt hat er nie, denn da war ja die Klausel mit der Liebe, und das hat er konsequent abgestritten.

Um kein Mißverständnis aufkommen zu lassen: Ich bin kein Freund von Partnerschaftsanzeigen, auch wenn sie hier sehr ausführlich behandelt werden müssen. Wie gesagt – in diesem Kapitel berichte ich nur. Ohne Kommentar.

Das Ende ist natürlich noch interessant. Volker hat – nach über 72 Versuchen – tatsächlich Glück gehabt. Er traf eine schlanke, blonde Krankenschwester, die zwar eine ziemlich scharfe Zunge, aber auch eine ziemlich scharfe Figur hat, und damit sie mir nicht die Augen auskratzt, sag' ich gleich noch: Sie ist sehr lieb und intelligent. Viel zu schade für den guten Volker, den ich inzwischen meinen Freund nennen darf.

Ein echter Glückstreffer. Man muß wissen, daß Volker ein Arbeitstier ist – für mich der fleißigste und beste Illustrierten-Reporter zwischen Flensburg und Bodensee –, und mit ihm zu leben, das erfordert eine ungeheuer große Portion Toleranz. Seine weißbekittelte Schönheit hat diese seltene Gabe offenbar.

Ich habe die beiden neulich besucht. Einträchtig saßen sie auf dem Sofa, tranken Chablis und quatschten, und die Katzen schnurrten um sie herum. Volker küßte seine Braut. Ich wandte mich gerührt ab, sie sollten meine Freudentränen nicht sehen. Daß die beiden sich derzeit so gut verstehen, hängt vielleicht auch mit dem Umstand zusammen, daß Volker als Reporter sehr viel unterwegs ist. Man sieht sich nicht so oft wie in einer sogenannten normalen Beziehung. Und wenn, dann ist immer Sonntag. Ich mußte gerade heute dran denken.

Ich schreibe diesen Teil meines Buches in einem gottverlassenen Nest an der kalifornisch-mexikanischen Grenze, wo ich für »Auto BILD« eine Reportage über amerikanische Trucker mache. Hier, an der Interstate 10 zwischen L. A. und Phoenix, treffen sie sich, machen Klarschiff und duschen mal wieder. Bei vierzig Grad im Schatten sprach ich heute mit einem Trucker, der schon 21 Jahre auf dem Bock sitzt. Breit wie ein Klavier und dick wie ein Faß. Woher er kommt?

»Iowa.«

Wohin er fährt?

»Iowa.«

Verheiratet?

Er strahlt. »Yes, und wie.«

Kinder?

»Yes.«

Wie viele?

»Neun.« Er holt ein Foto raus. Alle neune, hübsch gerahmt, wie die Orgelpfeifen.

Ich wollte wissen, wie oft er zu Hause ist.

»14 Tage.«

Wie – im Monat?

»Nee. Im Jahr.«

Im Ernst. Ich hab' es nachgeprüft. Der Mann ist in seinem Laster wohnhaft und in Iowa gemeldet. Fährt quer durch die Staaten, lädt ab, ruft seinen Agenten an und kriegt einen neuen Trip. Nur für zwei Wochen jährlich stellt er das 40-Tonnen-Ding auf den Randstreifen und beglückt seine Frau. Und die neun Kinder hat er immer in diesen 14 Tagen gemacht.

»Mama hat natürlich die Arbeit mit den Kids«, erzählt er, »aber ich bin ja auch fleißig, und den Kleinen bring' ich immer was mit. Und meine Ehe? Oh, great! Schon 21 Jahre. Streit gab's nie.«

Na ja, vielleicht ist das doch nicht das wahre Ehe-Rezept, aber ein bißchen was ist dran. Mag sein, daß du auch noch glücklich verheiratet sein könntest, wenn du öfter mal verreist wärst – ganz geschäftlich, ganz allein – wer weiß?
Wir haben jetzt Günter kennengelernt, den klassischen Aufreißer; ferner Volker, der alles genau plant, und einen Trucker (der nie daheim ist). Jetzt muß ich noch von Erwin erzählen: Er war sehr traurig, als seine Ehe kaputtging. Drei Monate hörte man überhaupt nichts von ihm. Seine Frau hatte längst einen anderen, und er ging nicht mal in die Kneipe. Dann steckte er allmählich den Kopf aus dem Maulwurfshügel seiner Einsamkeit. Ich traf ihn eines Tages in einem feinen italienischen Restaurant. Da saß er, potz Blitz, Hand in Hand mit der Sekretärin seines Chefs.
»Wie haste das denn so plötzlich hingekriegt?« fragte ich ihn am nächsten Tag.
»Hab' sie einfach gefragt«, knurrte er.
Danach war wieder ein paar Wochen Ruhe. Erwin sah sich gemächlich alle Frauen an, die er mehr oder weniger flüchtig kannte oder kennenlernte. Das waren Kolleginnen, Nachbarinnen, auch schon mal die Frauen seiner Freunde. Das Mädel vom Einwohnermeldeamt gehörte dazu, als er sich ummeldete, und die kesse Krankenschwester, als er sich den Finger brach. Erwin sah sie sich alle an und machte eigentlich überhaupt nichts. Er unterhielt sich höflich, unverbindlich und nett. Da war nicht mal ein Flirt. Und dann, mitten im Gespräch, fragte er manchmal ganz

nebenbei: »›Sagen Sie – würden Sie gelegentlich mal mit mir essen gehen?‹ Ich schwöre dir«, grinst er, »ausgerechnet bei dieser einfallslosen Frage sagt kein Mädchen nein. Manche zögern, dann fasse ich nach: ›... oder hat Ihr Freund (Ihr Mann, Ihre Mutter, je nach Alter) was dagegen? Sagen Sie's ruhig, ich könnte das verstehen.‹«

Und dann?

»Neun von zehn sagen dann empört: ›Quatsch, ich kann essen gehen, mit wem ich will.‹ Sie sind ja alle ungeheuer emanzipiert, verstehst du? Na gut, sag' ich dann, ich rufe Sie mal an. Mehr nicht. Dann warte ich zwei Tage und rufe an.«

Warum zwei?

»Ein Tag ist zu kurz. Sie könnte denken, du wärst einer von der schnellen Truppe, der immer nur an das eine denkt. Drei Tage wären zu lange. Sie denkt dann: So ein blöder Kerl, erst fragt er, dann ruft er nicht an. Nee – zwei Tage sind genau richtig.«

Bis hierher leuchtete mir Erwins Geschichte ein. Ich war jetzt richtig neugierig, wie's weiterging.

»Okay, der Rest ist schnell erzählt. Ich geh' mit dem Mädel fein essen und mache sie dabei gar nicht an. Bin höflich, geb' ihr immer schön Feuer und so, und ich höre ihr mehr zu, als ich von mir erzähle. Das alles ohne jeden Streß. Zum Abschied krieg' ich meistens einen flüchtigen Kuß. Die Mädels sind überwiegend der Meinung, so ein Gute-Nacht-Kuß sei die angemessene Art, sich für ein teures Abendessen zu bedanken – verpflichtet zu nix, schließt auch nix aus.

Okay, aus dem Kuß entwickelt sich manchmal ein richtiger. Wenn nicht, kriegt das Mädchen am nächsten Tag (!) einen kleinen Brief von mir. Per Boten, nicht per Post. Da steht sinngemäß drin: Es war unheimlich nett, schmeckte nach mehr – was halten Sie von einer Fortsetzung? Ich melde mich!«
Den Rest der Geschichte kenne ich inzwischen. Erwin lädt die Damen dann regelmäßig in seine kleine, aber noble Junggesellenwohnung ein. »Zum Pizzabacken«, pflegt er zu schwindeln. Die Pizza wird natürlich nicht gebacken, sie ist von Iglu und wartet schon im Tiefkühlfach, und meistens wird sie auch gegessen, weil Liebe hungrig macht. So ist Erwin.
Wir fassen zusammen: er strengt sich nicht an, er kennt keinen Streß, er macht kein Theater. Er plant nicht, er inseriert nicht. Er sitzt da wie ein Guru und wartet ab, was passiert. Am besten gefällt mir, daß er nie in Zugzwang gerät. Noch kurz vor der Pizza kann er abspringen, ohne daß es peinlich wäre und er was erklären müßte. (Das Mädel auch. Darum funktioniert's wahrscheinlich auch so gut.)
Erwin hat heute – ein halbes Jahr nach der Trennung von seiner Frau – zwei feste Freundinnen, die nichts voneinander wissen, und jede Menge lockere Beziehungen. Und dieses Quäntchen, so meine ich, steht uns scheidungsgeschädigten Männern auch zu.
Nur einen Nachteil hat die Geschichte. In Zukunft wird Erwin seine Restaurant-Rechnungen nicht mehr auf Spesen abrechnen können. Die Sekretärin von seinem Chef wird dies Buch ja auch lesen, und sie

dürfte ein wenig sauer sein, weil er bei ihr geübt hat. Aber was ein echter Guru ist, der übersteht auch das.

Verschiedene Typen – verschiedene Geschichten. Aber eins haben sie doch alle gemeinsam: Keiner ist unter ihnen, der der »Frau von gestern« lange nachgeweint hat. Irgendwie hat jeder von ihnen sein Leben in den Griff gekriegt.

Wir wollen der »Frau von gestern« hier ein paar Sätze widmen. Sie hat dich verdammt schlecht behandelt, das war der Ausgangspunkt auf der ersten Seite dieses Buches. Nun hat sie zwei Möglichkeiten.

Erstens: Sie kann so weitermachen. Dann wird sie dich vermutlich für alle Zeiten los sein.

Zweitens: Sie kann auf die Idee kommen, dich ab sofort ein bißchen besser zu behandeln. Ein paar Kontakte wird's ja noch geben, über die Kinder oder sonst irgendwas Wichtiges. Und schon das kann, wer weiß, der erste winzigkleine Schritt zu bilateraler Entspannung sein. Mehr noch: Es gibt Leute, die immer noch an die Wiedervereinigung in Frieden und Freiheit glauben ...

Heben wir, nunmehr versöhnlich gestimmt, unser Glas auf die vielen hunderttausend Ehen in Deutschland, die immer noch (oder schon wieder) glücklich sind. Sie mögen es bleiben!

In Frankfurt hat soeben ein Mann seine eigene Frau zum dritten Mal geheiratet. Freiwillig. Kopf hoch, Männer: Es gibt noch Perspektiven!

Neue Bücher bei nymphenburger

Herbert Rosendorfer

Vier Jahreszeiten im Yrwental

Roman

Georg Auberger

Traumaugen

Ein Märchen aus den Bergen

Josef Martin Bauer

Die Salzstraße

Roman

Marianne Wintersteiner

Vierhändig zu dritt

Eine Liebesgeschichte aus dem alten Österreich

Peter Kaufhold

Das Anbändelbuch

Ein Partnerschaftsbrevier

Georg Weth

Märchentraum der Karibik

Reihe: Inselmärchen

Neue Bücher bei nymphenburger

Richard D. Mandell

Sport

Eine illustrierte Kulturgeschichte

Heinz Maegerlein

Faszination Eissport

Helmut Pfleger/Ossi Weiner

Schachcomputer

Herausgegeben von Ephraim Kishon

Eugen Oker

Bayern wo's kaum einer kennt

Band IV

Hermann Löns

Ausgewählte Werke

Fünf Bände in Schmuckkassette

Simon Wiesenthal

Krystina

Die Tragödie des polnischen Widerstands